„Liebe Li!
Da auf diesem wichtigen Knotenpunkt 30 Minuten Aufenthalt, wird einer geschmettert. Deine Bolchen und Zeitungen bin ich gestern nicht losgeworden. K."

Die Verfasserin meint mit dem „wichtigen Knotenpunkt" den kleinen Bahnhof Magdeburgerforth. „Bolchen" ist eine mundartliche Bezeichnung für Bonbons. Wenn man die dazugehörige Karte auf der Seite 34 dieses Buchs betrachtet, kann man sich gut vorstellen, wie die Dame - auf ihren Zug wartend - ein Liedchen trällerte ...

Was der Herr Schmidt mit den „Ernährungsverhältnissen", die in Oberröblingen am See „sehr sehr schlecht" sind, genau meint, können wir nur erraten. In Bremen jedenfalls sollen sie besser gewesen sein.
Auf der Bildseite hat er übrigens seine genaue Adresse notiert, was damals selten vorkam. Vielleicht leben seine Nachfahren noch?

Mario Schulze

Bahnhöfe
auf historischen Ansichtskarten

Band 1
Sachsen-Anhalt

Herdam Verlag

Impressum.

Titel:
Am 25. Januar 1911 wurde auf dem 25,6 km langen Streckenabschnitt Dessau – Bitterfeld offiziell die erste Versuchsstrecke der Welt für einen elektrischen Fernbahnverkehr eingerichtet. Der Erste Weltkrieg setzte diesem Projekt ein jähes und drastisches Ende. Deshalb lässt sich die Karte, auch wenn sie nicht gelaufen ist, ziemlich sicher auf die Jahre 1911 bis 1914 eingrenzen. Sie zeigt vermutlich eine der drei Lokomotiven, die später als die Baureihe E 00 eingereiht wurde. Ihre ursprüngliche Bezeichnung lautete ES 1 bis ES 3. Sie bewährten sich gut, kamen jedoch in den 1920-er Jahren nach Wiederaufbau der Fahrleitung wegen ihrer geringen Zugkraft hier nicht mehr zum Einsatz.
Vom einstigen Bahnhof Haideburg, der lange Zeit noch Betriebsbahnhof war, ist heute nichts mehr zu sehen. Nicht einmal die alten Bahnsteige sind noch zu erkennen. Übrig geblieben ist eine unscheinbare Blockstelle, mitten im Wald gelegen.

Rücktitel:
Der Bahnhof Teuchern an der Bahnstrecke Naumburg - Teuchern um 1910. Die gesamte Bahnhofsbesetzung inklusive aller Familienangehörigen scheint sich zum Fototermin versammelt zu haben. Einer ist sogar auf das Vordach geklettert, um den besten Überblick zu haben.

Quellennachweise:
Ansichtskarten Seite 10, 20, 50, 57, 78, 91, 99, 139, Titelbild: Sammlung Wolfgang Herdam, Gernrode
Ansichtskarten Seite 128, 143, 145, 147: Sammlung Ralph Böttcher, Lübeck
Alle anderen Ansichtskarten: Sammlung Autor
Bahnpoststempel Seite 10, 41, 45, 49, 69, 73, 85, 104, 109, 116, 141, 147, 148: Sammlung Autor; alle anderen: Sammlung Herdam

Mario Schulze: Bahnhöfe auf historischen Ansichtskarten. Teil 1: Sachsen-Anhalt
1. Auflage
Herdam Verlag, Clara-Zetkin-Straße 2
D-06485 Quedlinburg-Gernrode
Tel./Fax: 039485 / 64 175
www.herdam.de
Mail: Herdam-Fotoverlag@t-online.de

Herstellung:
Druckerei Lohmann, Egeln

© Herdam Verlag (2016)   Redaktionsschluss: September 2015

Alle Rechte vorbehalten. Vervielfältigung ist nur mit ausdrücklicher Genehmigung des Verlages zulässig. Als Vervielfältigung gelten auch: Nachdruck, Fotokopie, Mikroverfilmung, Digitalisierung, Scannen, Speicherung auf Datenträgern und Einspeisung in Datennetze oder das Internet.

EAN/ISBN: 978-3-933178-34-3

Vorwort.

Bahnhöfe hätten, könnten sie es denn, viel zu erzählen. Sie haben in ihrem meist langen Leben einiges gesehen. Was ein Bahnhof ist, darüber gibt die Fachsprache der Eisenbahner eine klare Definition. Und die besagt unter anderem, dass es vielfältige Arten von Bahnhöfen gibt. Güterbahnhöfe, Rangierbahnhöfe oder Betriebsbahnhöfe zählen auch dazu. In diesem Buch aber sei unter einem Bahnhof die umgangssprachliche Deutung des Begriffs verstanden, nämlich dass es sich dabei um eine Station handelt, an der Reisende in einen Zug steigen oder ihn verlassen können.

Bahnhöfe (und im Besonderen ihre Empfangsgebäude) stehen für Beständigkeit gegenüber den manchmal rasanten Veränderungen um uns herum. Oft haben sie sich in ihrem Aussehen auch nach Jahrzehnten kaum verändert, ganz im Gegensatz etwa zu den Zügen, die sie erreichen oder erreicht haben.

Die Faszination, die von Bahnhöfen auf historischen Ansichtskarten ausgeht, hat verschiedene Gründe. Zunächst dokumentieren sie einen Zustand, der mehrere Generationen zurückliegt. Kennt der Betrachter dann die Station in seinem heutigen Aussehen, macht das Anschauen besonderen Spaß, und häufig sucht er dabei nicht nach den Veränderungen, sondern nach Merkmalen, die geblieben sind.

Ferner sind da auch die Geschichten selbst, die die Grußtexte in der Regel längst schon verstorbener Personen erzählen, geschickt an die Freundin oder einen flüchtigen Bekannten, an den K. K. Gerichtsadjudanten oder einfach nur an die Eltern.

Schließlich bleibt noch die architektonische Schönheit so mancher Bahnhofsgebäude. Sie waren das Aushängeschild ihrer Bahngesellschaft, symbolisierten Erfolg, Stolz und Geschmack zugleich. Der Reisende war eingeladen, es zu betreten und zu bestaunen. Hier bekam das Wort *Empfangsgebäude* seinen eigentlichen Sinn.

Die großen Bahnhofskomplexe in den Metropolen standen (und stehen noch heute) stets im Mittelpunkt der öffentlichen Aufmerksamkeit. Zu Unrecht wurden dabei oft die architektonischen Schätze der unzähligen Kleinstadt– und Dorfbahnhöfe vergessen. Werden sie nicht mehr gebraucht, was heute leider die Regel und nicht die Ausnahme ist, verfallen sie, werden abgerissen oder bekommen manchmal eine neue Daseinsberechtigung, indem sie anderen Zwecken als der Begrüßung und Verabschiedung von Reisenden dienen: als Wohnhäuser, Museen, Galerien, Hotels oder Sozialstationen.

Die Deutsche Bahn, seit ihrer Privatisierung ein vordergründig am wirtschaftlichen Gewinn orientiertes Unternehmen, zeigt leider viel zu wenig Interesse und Engagement, dagegen etwas zu unternehmen. Nicht mehr genutzte Gebäude werden vernagelt, dem Vandalismus preisgegeben, vergessen oder fortan als lästiges Übel betrachtet. Der Reisende muss sich oftmals mit einem kümmerlichen Unterstand oder einem knallroten Betonwürfel neben immer gleichen, nach Unternehmensfarben und Größen genormten Mülleimern, Bahnhofsuhren und Sitzgelegenheiten als Stationsensemble zufriedengeben. Diese „Architektur" soll verkehrstechnischen Anforderungen genügen, ein „Tor zur Welt" sind solche Bahnhöfe und Haltepunkte schon längst nicht mehr. Die Kultur des Wartens scheint endgültig verlorengegangen.

Die klassische Ansichtskarte stellt heute augenscheinlich eine vom Aussterben bedrohte Spezies dar. Moderne Kommunikationsmittel sind dabei, sie endgültig aus unserem Alltag zu verdrängen. Dabei hat sie uns mehr als ein Jahrhundert lang treu begleitet. Ihre Blütezeit erlebte sie in der ersten Hälfte des 20. Jahrhunderts, als die Herstellungsverfahren so weit ausgereift waren, dass die Produktion auch relativ geringer Stückzahlen wirtschaftlich attraktiv wurde. Verschiedene Quellen behaupten übereinstimmend, 1899 seien in Deutschland unglaubliche 88 Millionen Ansichtskarten produziert worden. Fast jedes Dörfchen lieferte damals Motive; ob nun eine echte Sehenswürdigkeit abgebildet war oder nur das Haus des Dorflehrers, schien zweitrangig. Oft zeigten die Karten jedoch den Bahnhof des Ortes - sicherlich dem einfachen Umstand geschuldet, dass man sie dort auch kaufen und schließlich verschicken konnte, sobald man seine Grüße darauf notiert hatte. Oder der Bahnhofswirt ließ sein Etablissement zu Werbezwecken abdrucken und publizierte nebenher automatisch das Bahnhofsgebäude mit.

Trotz dieser Tatsache führen historische Ansichtskarten mit Bahnhöfen als Motiv in der Eisenbahnliteratur eher ein Schattendasein. Gewöhnlich werden sie erst herangezogen, wenn zur Illustration einer Streckenbeschreibung kein anderes Fotomaterial zur Verfügung steht. Dabei sind viele von ihnen kleine grafische Kostbarkeiten. Sie zeigen den Zustand eines Verkehrsgebäudes vor vielen Jahrzehnten und die Veränderungen, die an ihm vorgenommen wurden - und sind oftmals die einzigen noch zugänglichen Quellen, da andere Fotobelege nicht (mehr) existieren.

Die mit dem vorliegenden Bildband eröffnete Reihe hat sich zum Ziel gesetzt, diese Lücke ein wenig zu schließen. Dabei sollen, wie schon angedeutet, vor allem die kleinen und mittleren Bahnhöfe im Vordergrund stehen; Motive von weltbekannten Bauten wie etwa dem Leipziger Hauptbahnhof gibt es zuhauf. Die relativ unbedeutenden Stationen hingegen, manchmal weit abseits der dazugehörigen Ortschaft gelegen, oft nur mit einem Haupt-, Ausweich- und einem Ladegleis ausgestattet, viele von ihnen wie die Bahnlinie, an der sie lagen, längst stillgelegt, wären heute fast vergessen, gäbe es nicht noch die Zeugnisse ihrer einstigen Prosperität in Form von manchmal nur noch wenigen erhaltenen Ansichtskarten.

Dieses Buch beschäftigt sich zunächst mit den Bahnhöfen im heutigen Sachsen-Anhalt. Weitere Bände von anderen Bundesländern sollen in absehbarer Zeit folgen. Illustriert wird dabei die Zeit von etwa 1900 bis 1945. Die verwendeten Bahnhofsnamen entsprechen der zuletzt oder noch heute gültigen Bezeichnung.

Bei der Auswahl der Ansichtskarten konnte nicht nur auf

Der Bahnhof von Merseburg auf einer Ansichtskarte aus dem Jahr 1896. Solche Lithografien haben einen schönen Sammlerwert, ihr dokumentarischer ist jedoch gering.

Echtfotokarten zurückgegriffen werden. Der dokumentarische Gehalt einer Karte war ausschlaggebend. Die Reproduktionstechniken haben sich ab der ersten Hälfte des 20. Jahrhunderts stürmisch entwickelt. Anfangs gab es Ansichtskarten mit Lithografien als Motiv, meist mit prächtigen Verzierungen versehen und heute recht kitschig wirkend. Dennoch werden sie von Sammlern hoch geschätzt. Für ihre Produktion wurden die Motive von Hand auf Steinplatten gezeichnet und mit diesen dann gedruckt. Oft jedoch fielen die Abbildungen grob und nur annähernd der Realität entsprechend aus. Echtfotografien kamen erst um 1920 mit der Einführung des Kupfertiefdrucks auf, der eine hohe Feinkörnigkeit zuließ. Man erkennt sie oft an ihrem bräunlichen oder auch bläulich wirkenden Farbton. Zuvor produzierte man im Lichtdruckverfahren; auch hier schon zeichneten sich die Ergebnisse durch eine meist akzeptable Schärfe (leider nicht immer!) und eine recht hohe Detailtreue aus. Manchmal waren sie nachträglich coloriert (wenn auch nach heutigem Geschmack nicht jedes Mal ganz gelungen). Daneben setzten sich bald Ansichtskarten im Buchdruckverfahren durch, das bedeutend höhere Stückzahlen erlaubte. Ab etwa 1930 traten dann industriell hergestellte Fotokarten in großer Auflage ihren Siegeszug an.

Begeben Sie sich nun beim Betrachten der Karten und Lesen der Begleittexte einfach auf eine imaginäre Zugreise. Steigen Sie im Norden Sachsen-Anhalts ein, durchqueren Sie das Bundesland auf noch existierenden oder längst stillgelegten Strecken durch seine einzelnen Regionen und beschließen Sie Ihre Reise ganz im Süden des Landes.

Entdecken Sie die Schönheit längst vergessener Bahnhöfe und auch solcher, die nach wie vor ihrem Zweck dienen, nämlich Reisende in Empfang zu nehmen oder zu verabschieden.

Halberstadt, im September 2015   Mario Schulze

Inhalt.

Die Altmark   6

Jerichower Land und Westfläming   24

Die Magdeburger Börde   38

Nördliches und östliches Harzvorland   62

Nord– und Ostharz   80

Mansfelder Land und Südharz   98

Region Dessau - Wittenberg   114

Halle (Saale) und südliches Sachsen-Anhalt   132

Die Altmark

Die Altmark, die etwa doppelt so groß wie das Saarland ist, hat eine lange Geschichte. Sie gilt als die Wiege Preußens. Albrecht der Bär hatte 1157 von hier aus Brandenburg erobert, das fortan zur „neuen Mark" wurde - und die bisherige Nordmark eben zur Altmark.
Im Norden Sachsen-Anhalts gelegen, ist sie ein recht dünn besiedelter Landstrich, der keine bedeutenden Höhenzüge oder sonstigen geologischen Hindernisse aufweist. Selbst Wälder sind selten, der Anteil an Grünland hingegen hoch. Für den Bahnbau ergaben sich damit fast optimale Voraussetzungen. Als in der zweiten Hälfte des 19. Jahrhunderts die Eisenbahn kam, waren es zunächst die Hauptstrecken in Staatsbesitz, die das Land von Ost nach West eroberten. Ihnen folgte jedoch bald ein dicht verzweigtes Netz regelspuriger und schmalspuriger Kleinbahnen, die provinzionalen und privaten Eisenbahngesellschaften gehörten.

Nicht verwunderlich ist, dass diese ländlich geprägte Gegend für die Bahnen meist nur bescheidene Gewinne abwarf, ausgenommen vielleicht die allherbstliche Rübenkampagne. Neben den Bauern waren Zuckerfabriken, Ziegeleien, Konservenbetriebe oder auch einmal ein Sägewerk die Kunden der Bahn. Dafür reichten meist kleine Bahnhöfe.
Heute ist das Eisenbahnnetz der Altmark überschaubar geworden. Es existieren nur noch fünf Bahnstrecken mit unterschiedlicher Bedeutung. Während die Schnellfahrstrecke Hannover - Stendal - Berlin eine der wichtigsten deutschen Eisenbahntrassen ist, haben die Verbindungen Magdeburg - Stendal - Wittenberge und Magdeburg - Salzwedel - Uelzen noch überregionalen Charakter. Stendal - Tangermünde dagegen ist eine reine Regionalstrecke. Zwischen Stendal und Niedergörne schließlich fahren nur Güterzüge.

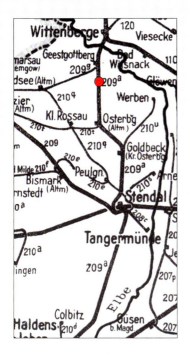

Seehausen in der Altmark — Bahnhof

Seehausen (Altm).

Beginnen soll unsere kleine Reise durch die Altmark auf der Magdeburg-Wittenbergeschen Eisenbahn (MWE), und zwar mit dem Bahnhof Seehausen (Altmark). Der Zusatz ist nötig, gibt es doch noch einen gleichnamigen Ort mit Bahnstation in der Börde. Nur ein paar Kilometer weiter nördlich beginnt das Land Brandenburg.

Die Stadt darf sich stolz Hansestadt nennen, obwohl seine Mitgliedschaft in diesem Kaufmannsverbund schon ein Weilchen her ist. Sie dauerte von 1358 bis 1488.

Mit einem See können die Seehäuser übrigens nicht prahlen, die Herkunft des Namens leitet sich vermutlich von einem Grafen Sidag ab, der den Flecken einst als Lehen bekommen hatte.

Seinen Bahnhof erhielt die Stadt am 7. Juli 1849. Er lag zunächst etwas außerhalb und war für einen knappen Monat sogar der Endpunkt der Eisenbahnlinie, denn der nördliche Abschnitt Seehausen - Wittenberge wurde erst am 5. August 1849 eröffnet. 1880 ging die Bahnstrecke in den Besitz der Preußischen Staatseisenbahnen über, weil Preußen sehr wohl ihre Bedeutung und ihr Potenzial erkannt hatte. 1920 gehörte sie dann zu den Deutschen Reichseisenbahnen (die spätere Deutsche Reichsbahn-Gesellschaft). Nach Ende des Zweiten Weltkriegs verlor die Strecke ihr zweites Gleis als Reparationsleistung an die Sowjetunion, doch schon 1950 war es wieder aufgebaut. Die Verbindung avancierte in den folgenden Jahren zur wichtigsten Nord-Süd-Achse der DDR. Da verwundert es etwas, dass sie erst 1986 Fahrdraht für den elektrischen Zugverkehr bekam.

Heute ist dieser Bahnhof nur noch ein Haltepunkt und das typisch altmärkische Empfangsgebäude verfällt.

Osterburg.

Ein paar Kilometer weiter südlich treffen wir auf Osterburg, einer reizvollen Kleinstadt mit heute gut zehntausend Einwohnern, die sich allerdings aus der Eingemeindung von sage und schreibe 32 Orten und Ortsteilen speisen. Seit 2008 trägt auch diese Gemeinde wieder den Titel Hansestadt. Von den heute 18 deutschen Hansestädten liegen erstaunlich viele in der Altmark, nämlich außerdem noch Gardelegen, Havelberg, Salzwedel, Stendal und Werben.

Der Ort wurde zum ersten Mal im Jahre 1157 von Albrecht dem Bären in einer Urkunde erwähnt. Das Stadtrecht besitzt Osterburg bereits seit 1208.

Seine Eisenbahngeschichte begann 1849, als der Bau der Strecke von Magdeburg nach Wittenberge den Ort erreichte. Den Osterburgern brachte sie wirtschaftlichen Aufschwung.

Seit 1916 ging von hier außerdem in westlicher Richtung eine normalspurige Kleinbahn nach Deutsch-Pretzier ab. Ihre Bedeutung war leicht zu erkennen: Sie verband quer durch die Altmark die Hauptbahnen Stendal - Salzwedel und Magdeburg - Wittenberge. In Klein Rossau (wo die Züge Kopf machen mussten) traf sie auf die Kleinbahn Stendal - Arendsee.

Allerdings existierte für diese 39 km lange Verbindung in Osterburg fast immer ein eigener Kleinbahnhof. Erst etwa 1970 wurde dieser aufgegeben und das Gleis in die Anlagen des Hauptstreckenbahnhofs integriert. Freilich nicht für lange, denn bereits am 1. Oktober 1974 verlor die Verbindung ihren Reiseverkehr, wenig später auch den Güterverkehr. Lediglich ein Anschluss an eine Molkerei und Getreidewirtschaft blieb noch lange Jahre er-

Die Verbindung Magdeburg - Wittenberge, hier mit einem Bahnpoststempel vom 17. Juli 1919 verewigt, gibt es heute noch.
In der Gegenwart sind es allerdings Elektrotriebwagen, die als Regionalbahnen verkehren. Einen solchen Stempel bekommt man dort nicht mehr.

halten, wurde nach der Wende jedoch ebenfalls eingestellt. Heute ist Osterburg nur noch Durchgangsstation und ein eher unbedeutender Haltepunkt. Güter können hier nicht mehr aufgegeben werden.

Das noch immer vorhandene Empfangsgebäude des MWE-Bahnhofs, das auf der Karte oben zu sehen ist, war 1901/02 gebaut worden. Ein Jahr früher ging die Karte links im Bild auf Reisen. Sie belegt, dass das erste Bahnhofsgebäude der Stadt deutlich schlichter ausgelegt war. Ein einfacher Zweigeschosser mit einem flachen Satteldach und ein paar Nebengelasse genügte zunächst. Seehausen (Altmark) hatte übrigens zunächst ein ganz ähnliches.

Dies ist ein typisches Beispiel dafür, dass Bahnhöfe gerade im ländlichen Raum früher einen völlig anderen Stellenwert hatten als heute. Die zumeist privaten Bahngesellschaften legten Wert darauf, ihren wirtschaftlichen Erfolg auch durch repräsentative Empfangsgebäude zu dokumentieren, die Kleinstädte und Dörfer hingegen betrachteten den Bahnhof als Eingangstor in ihren Ort und hatten somit ebenfalls Interesse daran, einen schönen Bahnhof zu besitzen. Heute, in Zeiten des wohl nicht mehr zu stoppenden Verfalls unzähliger Bahnhofsbauten im ganzen Land eine anscheinend unvorstellbar gewordene Haltung. Dass durch den Verfall und Abriss all dieser Gebäude auch ein hoher architektonischer und kulturhistorischer Verlust entsteht, ist noch nicht ins öffentliche Bewusstsein gedrungen.

Bis Mitte der 1990-er Jahre konnte man in Osterburg sogar noch am Schalter Fahrkarten kaufen. Dann ging es bergab. Selbst ein Abriss des Bahnhofs stand in der Diskussion. Doch es kam glücklicherweise anders. Heute hat das Gebäude einen neuen privaten Eigentümer gefunden und wird saniert.

Ein leider nicht ganz vollständiger Stempel des Zuges 207 am 23. Januar 1903 auf der wichtigen Ost-West-Verbindung Berlin - Hannover. Unterwegs passierte er auch diesen Bahnhof.

Stendal.

Wir folgen der Linie Wittenberge - Magdeburg weiter nach Süden und erreichen mit dem Streckenkilometer 58,7 die alte Hansestadt Stendal, die heimliche „Hauptstadt" der Altmark. Diese Ansichtskarte bildet damit auch den bedeutendsten Bahnhof und größten Eisenbahnknoten in der Region ab. Inoffiziell heißt er übrigens Stendal Hauptbahnhof, denn die Stadt besitzt noch zwei weitere Stationen.

Obwohl Stendal bereits 1849 durch die MWE einen Anschluss an das Schienennetz bekam, entstand dieser Bahnhof erst in den Jahren 1869 bis 1871. Sein Vorgänger lag im Osten der Stadt, was sich jedoch bald als ungünstig erwiesen hatte, denn die neuen Strecken nach Uelzen und Berlin konnten nicht in den alten Bahnhof eingebunden werden. Und bald kamen noch weitere hinzu: Im Jahre 1886 erreichte die nur kurze Stendal-Tangermünder Eisenbahn den Bahnhof, 1908 konnte man von hier aus nach Arendsee fahren, sechs Jahre später auch nach Arneburg.

Noch ist die imposante Überdachung des Mittelbahnsteigs nicht entstanden, so dass ein ungehinderter Blick auf das schöne und großzügige Backsteingebäude möglich ist. Auf dem Original lassen sich deutlich die Anschriften „nach Hannover" und „nach Berlin" am linken Giebel direkt über dem etwas seltsam anmutenden Vordach entziffern. Der 1900 gegründete Magdeburger Ansichtskarten-Verlag Reinicke & Rubin, der diese 1903 gestempelte Karte publizierte, war übrigens einer derjenigen, der seine Werke fortlaufend nummerierte. Insgesamt brachte er es auf einige zehntausend Karten. Diese hier trägt die Nummer 628.

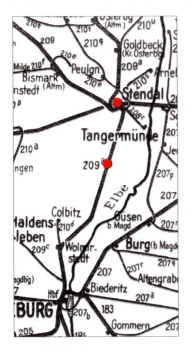

Tangerhütte heißt der Ort, den wir nun erreichen, erst seit 1928. Die Bezeichnung *Väthen* hingegen (in unterschiedlichen Schreibungen: Vetten, Vaethen und ganz zum Schluss Väthen) gibt es schon seit mindestens 1375, dem Jahr der ersten urkundlichen Erwähnung dieser über Jahrhunderte hinweg winzigen Siedlung.

Der Tanger ist ein Flüsschen, der aus der Vereinigung einer ganzen Reihe von Bächen und Gräben nahe des Ortes als Nebenfluss der Elbe entsteht und ihn heute durchquert. Außerdem ist er der Namenspate einer Eisenhütte, die an seinem Ufer ab 1842 gebaut wurde: das *Eisenhütten- und Emaillierwerk Tangerhütte*. In der Nähe hatte man reichlich sogenanntes Raseneisenerz gefunden. Die Gießerei brachte der bis dahin völlig unbedeutenden Region einen ersten wirtschaftlichen Aufschwung. Noch heute wird an diesem Standort Gusseisen geformt.

Tangerhütte.

Dieser Betrieb wird vielleicht auch die Ursache dafür gewesen sein, dass Vaethen 1852 an die Magdeburg-Wittenbergesche Eisenbahn mit einer Station angebunden wurde. Die MWE hatte darüber hinaus verfügt, eine Pferdeeisenbahn von der Tangerhütte nach Vaethen zu bauen.

Damals besaß die Ortschaft übrigens noch nicht dieses schöne Empfangsgebäude der Ansichtskarte. Es wurde erst 1880 eingeweiht. Seine Anschrift ist, wie man sehen kann, Tangerhütte. Und das, obwohl sie bereits 1919 gelaufen ist. Insofern griff die amtliche Bahnhofsbezeichnung, die sogar schon um die Jahrhundertwende nachweisbar ist, den Realitäten durchaus vor. Sie ist auf den Einfluss des damaligen Hüttenbesitzers zurückzuführen.

Zielitz.

Wir fahren weiter nach Süden, immer auf die Landeshauptstadt Magdeburg zu. Zielitz liegt nur noch zwanzig Bahnkilometer entfernt.

Der Ort hatte, obwohl die Strecke von Magdeburg nach Wittenberge schon 1849 fertiggestellt worden war, erst 1890 einen Bahnanschluss bekommen. Zunächst war es nur ein Haltepunkt, doch 1913 wurde das hier abgebildete Bahnhofsgebäude eingeweiht. Es existiert zwar noch immer, genutzt wird es allerdings von der Eisenbahn schon seit den 1970-er Jahren nicht mehr.

Das hing mit Erkundungsbohrungen zusammen, die zehn Jahre zuvor in der Gegend um Zielitz gemacht worden waren. Sie erschienen so vielversprechend, dass sie zu dem Beschluss führten, hier ein Kaliwerk zu errichten.

1973 wurde die Produktion aufgenommen. Um die vielen Arbeiter, die unter und über Tage tätig waren, möglichst nahe genug an ihre Arbeitsplätze zu bringen, brauchte man einen neuen Bahnhof, der alte Haltepunkt konnte die nun hohe Zahl der Fahrgäste nicht aufnehmen. Er wurde an den Nordrand des Ortes verlegt, besitzt vier Gleise und war schon bei seiner Eröffnung gleichzeitig Endpunkt der neuen Magdeburger S-Bahn-Linie Schönebeck Salzelmen - Zielitz. Da die Züge elektrisch fahren sollten, bekam der neue Bahnhof Zielitz außerdem eine Fahrleitung. Kalizüge donnern auch heute noch durch ihn hindurch - die Lagerstätte ist äußerst hochwertig - die Bahnhofsanlagen allerdings wirken inzwischen verfallen.

2003 erhielt Zielitz (wegen der ungünstigen Lage des Bahnhofs für die im Süden lebenden Einwohner) zusätzlich den Haltepunkt Zielitz Ort.

Die letzte Station unserer kleinen Reise auf der Magdeburg-Wittenbergeschen Eisenbahn soll Wolmirstedt sein. Das ist eine Kleinstadt direkt vor den nördlichen Toren Magdeburgs.

Kritiker mögen einwerfen, dass Wolmirstedt ja gar nicht mehr richtig in der Altmark liegt und verwaltungstechnisch heute dem Landkreis Börde zugerechnet wird. Doch da die Grenzen zwischen beiden Regionen durchaus fließend sind und die Bahnstrecke Magdeburg - Stendal zweifellos eine Altmarkstrecke ist, sei diese kleine Ungenauigkeit erlaubt.

Die 1845 gegründete MWE hat besagte Strecke übrigens schon zwölf Jahre nach Eröffnung der Strecke wieder an die damals prosperierende Magdeburg-Halberstädter Eisenbahn-Gesellschaft (MHE) verkauft. Die Erträge waren der MWE zu gering.

Einst besaß Wolmirstedt einen attraktiven und architektonisch gelungenen Bahnhof, wie man sieht. Das Gebäude steht immer noch, nur hat es die Deutsche Bahn längst aufgegeben und ein neuer Nutzer mag sich nicht finden. So bietet es derzeit einen wenig einladenden Eindruck. Wie leider so häufig heutzutage.

Von hier nahm übrigens bis 1965 auch eine Kleinbahn ins nur 8,5 km entfernte Colbitz ihren Ausgangspunkt. Obwohl sie eine denkbar geringe wirtschaftliche Bedeutung hatte, hielt sie sich immerhin 55 Jahre. Übrig geblieben ist von ihr nur noch ein Gleisanschluss ins nahe Umspannwerk.

Die Karte ging am 6. Juli 1903 ab. Ein Fräulein Voss in Milow hat sie einen Tag später erhalten. Damals wurde noch bis zu 3 x täglich die Post zugestellt.

Wolmirstedt.

Zug 57, Magdeburg - Uelzen - Bremen, gelaufen am 8.9.1889. Während der deutschen Teilung war die Strecke unterbrochen, seit 1999 kann man sie wieder ohne umzusteigen befahren.

Kläden.

Kläden liegt an der Amerikalinie. So der umgangssprachliche Name der Verbindung Stendal - Salzwedel - Uelzen - Bremen, den sie wegen der vielen Amerikareisenden hat, die einst an der Kolumbuskaje in Bremerhaven per Schiff den Kontinent verließen, um in das Land der unbegrenzten Möglichkeiten zu gelangen. In Gegenrichtung wurde vor allem Frischfisch aus den Nordseehäfen nach Berlin transportiert. 1870 in Betrieb gegangen (übrigens von Anfang an mit dem Unterwegshalt Kläden, obwohl der Ort damals wie heute nur ein paar Einwohner hatte), wuchs die Bedeutung der Strecke stetig an, weshalb sie bis 1907 zweigleisig ausgebaut wurde.

Als im Ergebnis des Zweiten Weltkriegs die Teilung Deutschlands kam, traf das die Strecke hart. Sie wurde westlich von Salzwedel geteilt und im Osten sogar zunächst vollständig demontiert, später jedoch baute man sie mit Schienenmaterial der stillgelegten Altmärkischen Kleinbahnen eingleisig wieder auf. Dass die DDR dem Zugverkehr stets einen hohen Wert zumaß, spürte man auch in Kläden, so wurde der Bahnhof sogar bis in die 1990-er Jahre hinein noch regelmäßig mit Nahgüterzügen bedient. Nicht weit von ihm befand sich ein bedeutendes Minol-Benzintanklager, dem häufig Kesselwagen zugeführt wurden. Heute ist es verschwunden, auf seinem Gelände dehnt sich ein großer Solarpark aus.

Die nach der Wende zunächst hochfliegenden Pläne eines zügigen zweigleisigen elektrifizierten Ausbaus der Amerikalinie, dessen wachsende Bedeutung man schnell erkannte, sind leider bis heute noch immer nicht vollendet. Kläden hingegen hat neben seinem Bahnhof sogar noch einen Haltepunkt bekommen.

Gruss aus Bismark Kr. Sachsen.

Bismark (Altm).

Es gab viele Eisenbahner in der DDR, die für ihren Beruf brannten. So manches liebevolle Detail zeugte davon. Leider ist nicht überliefert, ob das handgemalte Schild mit dem roten Schriftzug „Willkommen in Bismark!", das die aus Kalbe kommenden Züge am Ortseingang passierten, ein Beleg dafür ist, denn es empfing Reisende auf der Schiene und Straße gleichermaßen.

Der nahe gelegene Bahnhof Hohenwulsch (am Übergang zur Amerikalinie) hieß früher Bismark Ost, sodass der hier abgebildete Bahnhof zunächst auf den Namen *Bismark Stadt* hörte. Diese schöne Karte zeigt ihn im Zustand von etwa 1900, also kurz nach seiner Eröffnung. Wir sehen die Bahnsteigseite. Ein Zug scheint bald zu kommen, für die Fahrgäste stehen ein paar Gartentische und -stühle bereit.

Der Bahnhof Bismark war einst ein wichtiger Güterumschlagplatz an der Kleinbahn Bismark - Calbe - Beetzendorf. Neben Feldfrüchten zählten vor allem Zuchtrinder zu den am meisten beförderten Gütern. Im Ort gab es (und es gibt sie noch heute) eine leistungsfähige Tierzuchtstation. Direkt gegenüber dem Empfangsgebäude befand sich deshalb eine überdachte Verladerampe für die Rindviecher, in unmittelbarer Gleisnähe eine Viehauktionshalle.

Von der Rampe ist heute nichts mehr übrig. Die Tiere werden nun auf der Straße transportiert. Der Bahnhof jedoch, nachdem er aufgegeben wurde und anfangs zu verfallen drohte, hat einen neuen Besitzer gefunden und beherbergt jetzt u.a. eine Gaststätte. Dabei hat sich sein Zustand im Vergleich zur Ansichtskarte oben nur in wenigen Details verändert.

Kalbe (Milde).

Wer bei Bismark (heute Hohenwulsch) die Amerikalinie in westlicher Richtung verließ, erreichte bald den Bahnhof Kalbe (Milde). Früher schrieb er sich noch mit C, wie die Anschrift auf der Ansichtskarte verrät. 1952 wurde der Ort „umgetauft" - (unter anderem aus dem eher kuriosen Grund, ihn besser von Calbe an der Saale unterscheiden zu können) - und somit auch sein Bahnhof. Die Kursbuchkarte der Deutschen Reichsbahn von 1951, aus der wir unsere Ausschnitte beziehen, führt deshalb noch die alte Schreibung. Doch schon zuvor änderte sich die offizielle Bezeichnung des Bahnhofs immer mal wieder. Zunächst hieß er *Calbe a.M.*, ab 1921 *Calbe a. d. Milde*, bereits sechs Jahre später *Calbe a M* und schließlich ab 1935 *Calbe (Milde)*.

Für einen so kleinen Ort (das Städtchen hatte vor einer Reihe von Eingemeindungen in den letzten Jahren etwa 3000 Einwohner) eher ungewöhnlich war die Tatsache, dass man hier Züge in fünf Richtungen besteigen konnte, nämlich nach Beetzendorf, Klötze, Salzwedel, Gardelegen und Bismark Ost.

Die Aufnahme wurde etwa 1940 angefertigt und zeigt bereits den recht ansehnlichen Neubau. Das allerdings noch schönere alte Gebäude war der Altmärkischen Kleinbahn AG, die hier ihren Sitz hatte, irgendwann zu klein geworden, so dass man sich 1938 ein größeres Gebäude gönnte.

Der Bahnhofs-Beiname gehört übrigens einem eher unscheinbaren, doch recht eigentümlichen Flüsschen, das zuerst Milde, ein paar Kilometer später Biese und bald darauf Aland heißt. Mit diesem Namen rettet es sich in die Elbe.

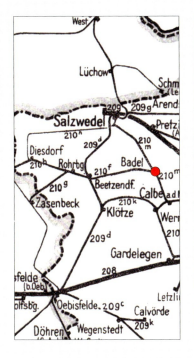

Ist sie nicht herrlich? Und eine absolute Rarität noch dazu! Badel, ein Dörfchen mit weniger als 500 Einwohnern, war in der Altmark einst ein nicht ganz unbedeutender Eisenbahnknoten. 1899 wurde die normalspurige Bahnstrecke Bismark Ost (heute Hohenwulsch) - Calbe (Milde) - Beetzendorf - Diesdorf eröffnet. Badel war der siebte Unterwegshalt.

Drei Jahre später wurde die Strecke von Salzwedel nach Winterfeld, einem Ort fünf Kilometer von Badel entfernt, gebaut. Schnell zeigte sich, dass weder die dafür gewählte Schmalspur noch der Endpunkt der Strecke kluge Entscheidungen gewesen waren. Badel hätte es sein müssen, vor allem, um schneller Calbe erreichen zu können. Die Idee einer Streckenverlegung mit gleichzeitigem Umbau auf Regelspur war bald geboren.

Interessant ist, dass unsere Ansichtskarte genau die Zeit des Umbaus (1925/26) illustriert. Am 2. Oktober 1926

Badel.

wurde der Güterverkehr nach Badel aufgenommen, am 29. Oktober auch der Personenverkehr. Die Karte trägt den Bahnpoststempel vom 24.9.26, ist also nur etwa einen Monat vorher gelaufen. Die Station dürfte so kurz davor schon zu einem Keilbahnhof umgebaut gewesen sein (die Strecke aus Salzwedel kam auf der anderen Seite des Gebäudes an, hier höchstens zu erahnen). Das schöne backsteinerne Empfangsgebäude hatte jetzt nur noch ein Jahr zu leben, es war zu klein geworden für den gewachsenen Verkehr. Das neue wurde schon 1927 gebaut und besaß einen Keller und ein Obergeschoss mit Wohnräumen. Heute ist es ein Einfamilienhaus.

Die einfache Kiesbettung für die Gleise hat sich übrigens bis zur Stilllegung beider Strecken gehalten.

Auch die Strecke Oebisfelde - Salzwedel hatte einst Bahnpostverkehr. Zug 703 beförderte die Karte mit diesem Stempel am 10. Februar 1899. Das war ein Freitag.

Beetzendorf (Sachs-Anh).

Von Badel konnte man, nach Westen fahrend, ohne umzusteigen den Bahnhof Beetzendorf erreichen, der an der Bahnlinie Salzwedel - Oebisfelde liegt.

Obwohl die Altmark schon immer dünn besiedelt war und der Flecken um Beetzendorf da keine Ausnahme machte, erhielt der Ort 1889 Anschluss an das Eisenbahnnetz durch eine Staatsbahnstrecke. Preußen legte Wert auf eine Verbindung zwischen den Hauptstrecken Berlin - Hannover im Süden und Stendal - Uelzen - Bremen im Norden.

Die schon erwähnte Altmärkische Kleinbahn-AG machte bald darauf aus Beetzendorf einen richtigen Eisenbahnknoten, indem es Stichstrecken nach Bismark über Calbe an der Milde (fertiggestellt 1899) und nach Diesdorf (1903) baute. Die Linien entwickelten sich recht gut; da nicht viele Fahrgäste zu transportieren waren, zogen sie ihre Einnahmen vor allem aus dem Transport von landwirtschaftlichen Gütern.

Auch der Bahnhof Beetzendorf änderte übrigens recht oft seinen Namen, wenn auch stets nur geringfügig: Zunächst hieß er einfach *Beetzendorf*, ab dem 01. Juni 1906 *Beetzendorf (Provinz Sachsen)*, ab 01. Juli 1911 *Beetzendorf (Pr Sa)*, ab 15. Mai 1934 *Beetzendorf (Prov Sachs)* und ab dem 08. Oktober 1950 schließlich *Beetzendorf (Sachs Anh)*. Heute hat er leider jeglichen planmäßigen Zugverkehr verloren und ist dem Verfall preisgegeben. In jüngster Zeit gibt es allerdings Bestrebungen, wieder einen Sonderzug- und Güterverkehr nach Salzwedel aufzubauen.

Die schöne Ansichtskarte trat 1938 ihren Postweg eben dorthin an, und das - was könnte in diesem Fall näher liegen - mit der Bahn.

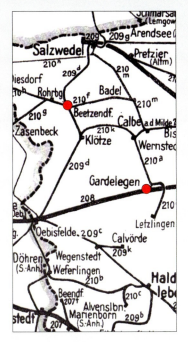

Vom einst so stolzen Bahnhof Gardelegen - diese Ansichtskarte mit dem prächtigen Empfangsgebäude mag als Beleg dafür gelten - ist heute nur eine Ahnung geblieben. Einst besaß er ein oppulentes Restaurant, den „Palmensaal". Es ist längst geschlossen. In den letzten Jahren bot das Gebäude einen traurigen Anblick, wirkte heruntergekommen und verwahrlost, konnte nicht einmal mehr betreten werden. 2013 teilte die Deutsche Bahn mit, dass sie es mitsamt den Nebengelassen an einen privaten Interessenten verkauft hat. Ein Hoffnungsschimmer für den Bahnhof?

Er wurde 1872 (ein Jahr, nachdem das Gleis die Stadt erreicht hatte) eröffnet und liegt an der Berlin-Lehrter Eisenbahn, etwa in der Mitte zwischen Stendal und Oebisfelde. Betreiber der Strecke war anfangs die damals bedeutende Magdeburg-Halberstädter Eisenbahngesellschaft (MHE). Später wurde Gardelegen sogar zu einem

Gardelegen.

kleinen Eisenbahnknoten; 1904 zweigte die Kleinbahn nach Calbe in Richtung Norden ab, 1911 kam die Strecke in südlicher Richtung nach Neuhaldensleben hinzu. Auf letzterer endete der Verkehr mit Güterzügen im Jahre 1993; kurze Zeit später wurde eine wichtige Brücke im Zuge des Baus der Neubaustrecke Berlin - Hannover abgerissen. Das Ende schien wie so oft besiegelt, doch manchmal geschehen tatsächlich Wunder. 2005 wurde eine neue Brücke gebaut, um weiterhin einen Bundeswehrstandort in Letzlingen bedienen zu können.

Die Ansichtskarte ist am 25. Januar 1910 abgestempelt worden und lief nach Falkenstein im Vogtland. Hergestellt hatte man das Foto darauf allerdings ein paar Jahre früher, wie einige andere Quellen belegen.

*Diese mit Zug 13 beförderte Bahnpost ging 1913 an einen Angehörigen des II. Luftschiffer-Bataillons in Berlin. Dort versahen Soldaten ihren Dienst, die Aufklärungsflüge mit Fesselballons durchführten.
Der Ausgangsbahnhof Neuhaldensleben wurde übrigens 1939 in Haldensleben umbenannt.*

Letzlingen.

Man scheint es sich am Bahnhof Letzlingen um das Jahr 1913 herum (dem Stempeldatum) richtig gemütlich gemacht zu haben. Sogar Decken liegen auf den Gartentischen, um die die Damen Platz genommen haben.

Letzlingen lag an der Kleinbahn Gardelegen - Neuhaldensleben, dessen Aktiengesellschaft 1910 gegründet worden war. Gut ein Jahr später konnte schon der Zugbetrieb aufgenommen werden.

Letzlingen war der größte Unterwegsbahnhof der Strecke, besaß aber trotzdem nur einen Bahnsteig und ein Umfahrgleis, einige Ladegleise und für die Versorgung der haltenden Dampfloks einen Wasserkran mit Tiefbrunnen. Außerdem ein gefälliges Empfangsgebäude, das vermutlich in den 1930-er Jahren den offenen Warteraum im linken Teil des Baus verlor, weil die Wände geschlossen wurden, um weiteren nutzbaren Innenraum zu gewinnen.

Der Betrieb entwickelte sich deutlich besser, als die Kleinbahn-AG vorausberechnet hatte. Die Zahl der Züge musste aufgestockt werden, neue Fahrzeuge wurden gekauft. Die Leute benutzten die Bahn oft als Transportmittel in ihre Ausflugsgebiete, insbesondere in den Letzlinger Forst und die Letzlinger Heide. An Güterverkehr fiel vor allem - wen wundert's - Holz an.

1951 avancierte Letzlingen, das damals schon den Anschluss zu einem Truppenübungsplatz besaß, überraschend zum Endbahnhof. Der Abschnitt nach Haldensleben wurde stillgelegt. 1971 kam dann das Ende für den gesamten Personenverkehr.

Erst nach der Wende verfiel das Gebäude zusehends und wurde im Jahr 2008 vollständig abgerissen.

Oebisfelde.

Von Gardelegen sind es in westlicher Richtung etwa 30 Kilometer bis Oebisfelde. Nicht alle Oebisfelder sind übrigens der Meinung, dass ihr Ort (heute mit unzähligen kleineren Ortschaften zur Stadt Oebisfelde-Weferlingen verschmolzen) überhaupt zur Altmark gehört.

Die kleine Gemeinde, unmittelbar an der Grenze zu Niedersachsen gelegen, war viele Jahrzehnte mit der Eisenbahn eng verbunden. Das Bahnbetriebswerk Oebisfelde (heute von der Lappwaldbahn genutzt) ist Eisenbahnfreunden ein Begriff. Der Bahnhof selbst war in der Zeit von 1945 bis 1990 Grenzbahnhof der DDR zum Westen. Auf Gleis 1 hielten die sogenannten Interzonenzüge.

Oebisfelde hat noch immer den Rang eines Kreuzungsbahnhofs, aber seine Blütezeit lag eindeutig in der Vergangenheit. Einst gingen von hier sieben (!) Eisenbahnstrecken ab: Die wichtigste war die Bahnstrecke Berlin - Hannover (Berlin-Lehrter Eisenbahn), außerdem die Verbindungen nach Magdeburg, Salzwedel, Helmstedt, Schandelah und Wittingen.

Heute sind davon nur noch die nach Magdeburg und die alte Lehrter Bahn übrig geblieben. Die neue, 258 km lange Schnellfahrstrecke Berlin - Hannover führt unmittelbar am Bahnhof vorbei, berührt ihn jedoch nicht.

Das abgebildete Motiv wurde viele Jahre lang verkauft. Diese Karte ist 1917 abgestempelt, als erster Nachweis liegt mindestens 1903 vor. Zu diesem Zeitpunkt war die Lokomotive im Vordergrund (heute würde eine Lok im Anschnitt niemals gedruckt) gerade vier Jahre alt, denn es handelt sich mit einiger Sicherheit um die preußische G 5.2 mit der Betriebsnummer 811 Hannover, gebaut 1899 bei Hanomag.

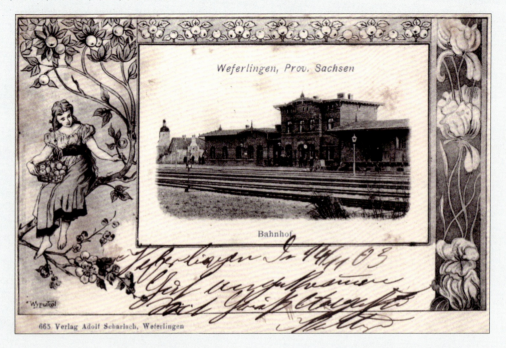

Die fehlende Briefmarke deutet darauf hin, dass es sich bei dieser Postkarte um Soldatenpost handelt, die portofrei transportiert wurde. Sie ging am zweiten Tag des Jahres 1909 nach Magdeburg.

Weferlingen.

Die herrlich kitschige Jugendstil-Ansichtskarte, geschrieben am 14. November 1903, weist Weferlingen zur Provinz Sachsen zugehörig aus, doch die Grenze zum Herzogtum Braunschweig ist nur wenige hundert Meter entfernt. 46 Jahre später wird dies auch die Trennlinie zwischen beiden deutschen Staaten werden.

Die Eisenbahn erreichte Weferlingen, das damals so um die 3000 Einwohner zählte, im Jahre 1895. Die Verbindung Helmstedt - Oebisfelde berührte den Ort, was durchaus kein Zufall war, denn die einige Jahre früher entstandene Zuckerfabrik erwies sich als ein willkommener und bedeutender Güterkunde. Auch wenn dies zunächst umständlich war: Da es zwischen Bahnhof und Fabrik ein erhebliches Gefälle gab, musste der Güterverkehr anfangs mithilfe von Zahnstangen abgewickelt werden. Das änderte sich erst, als 1907 die Strecke nach Neuhaldensleben (später umbenannt in Haldensleben) der Kleinbahn AG Neuhaldensleben-Weferlingen (KNW) eröffnet wurde. Nun hatte die Zahnradbahn ausgedient. Beide Strecken nutzten den Staatsbahnhof gemeinsam.

Die innerdeutsche Grenze zerschnitt ab 1949 die Helmstedt-Oebisfelder Strecke gleich drei Mal, was letztlich ihr Aus bedeutete. Reisende konnten Weferlingen nur noch von Haldensleben aus erreichen.

Heute ist der Abschnitt Weferlingen - Grasleben wieder aufgebaut und wird, wie die ganze Strecke Helmstedt - Weferlingen - Haldensleben, von der Lappwaldbahn im Güterverkehr (Baustoffe, Steinsalz) genutzt, die die Gleise gepachtet hat. Wer als Fahrgast Weferlingen per Schiene ansteuern will, kann das seit 1999 nur noch mit touristischen Sonderzügen.

Calvörde.

Unsere Reise durch die Altmark beschließen wir in Calvörde. Der Ort mit dem in dieser Gegend eher ungewöhnlich klingenden Namen ist Endpunkt der sehr kurzen Kleinbahnstrecke von Wegenstedt. Nur 6,2 km mussten die Züge fahren, um ihr Ziel zu erreichen. Unterwegsbahnhöfe gab es nicht.

Eigentlich sollte die 1872 eröffnete Hauptbahn Magdeburg - Oebisfelde ja über Calvörde gebaut werden, dann hätte es diese Kleinbahn wohl nie gegeben. Von seiner wirtschaftlichen Bedeutung hätte der Ort auch alle Chancen dafür gehabt (es gab wichtige Güterkunden wie eine Zuckerfabrik und ein Kalksandsteinwerk), doch diesem Vorhaben stand ein kleines, aber entscheidendes Hindernis im Wege: Calvörde gehörte nicht wie das Umland zu Preußen, sondern war eine winzige Exklave des Herzogtums Braunschweig (ein Ergebnis des Wiener Kongresses). Deshalb führte die Strecke schließlich ein paar Kilometer westlich an der Gemeinde vorbei. Der Flecken Calvörde (der Ort hat das Stadtrecht nie erhalten) fand sich mit dieser Situation jedoch nicht ab. Ein jahrzehntelanger Kampf begann. Schließlich baute die Stadt den Eisenbahnanschluss nach Wegenstedt einfach in Eigenregie. Und das (wie damals so oft) in Rekordzeit: Am 1. Februar 1909 wurde die Konzession zum Bau erteilt, bereits am 22. September fuhren die ersten regulären Güterzüge, obwohl die Gleisbauer auch noch den Mittellandkanal hatten überbrücken müssen.

Auf der üppig colorierten Karte, gestempelt am 5.5.1914, wartet Lok 2 (1909 bei Borsig in Berlin gebaut) auf das Abfahrtsignal. Zuvor wird noch schnell das Foto geschossen. Der Bahnhof steht heute unter Denkmalschutz.

Jerichower Land und Westfläming

Auch das Jerichower Land ist relativ dünn bewohnt. Der Name deutet auf frühere slawische Siedlungen hin. Sie lassen sich bis in das 7. und 8. Jahrhundert zurückverfolgen. Zeugnisse sind zum Beispiel einige bemerkenswerte Wallburganlagen wie der Burgwall neben der Jerichower Stadtkirche. Mit der berühmten Stadt am Jordan hat unser Jerichow also nichts gemein.

Die Elbe trennt diese Region in Nord-Süd-Richtung von der Altmark, im Osten bildet die Havel die natürliche Grenze. Auen und Nebengewässer der beiden Flüsse drücken dem schmalen Streifen zwischen Havelberg und Genthin ihren Stempel auf.

Der Fläming hingegen ist ein in der letzten Eiszeit entstandener Höhenzug mit einer Ost-West-Ausdehnung von fast hundert Kilometern. Darüber hinaus ist er eine historisch gewachsene Kulturlandschaft mit vielfältigen Formen von Brauchtum und Tradition. Ihn teilen sich heute die Bundesländer Sachsen-Anhalt und Brandenburg. Im Westen reicht er bis vor die Tore Magdeburgs. Im Süden Sachsen-Anhalts müssten auch noch Zerbst und Wittenberg mit einbezogen werden, doch aus eisenbahnhistorischer Sicht erscheint es viel logischer, die Kanonenbahn Berlin - Calbe - Güsten der Region Dessau-Wittenberg zuzuordnen, denn alle Verbindungen zum Klein- und Nebenbahnnetz berühren die Kanonenbahn aus südlicher, nicht jedoch aus nördlicher Richtung.

So bildet also die Strecke Magdeburg - Berlin (neben einem kurzen Stück der Lehrter Bahn) die einzige Hauptbahn, die das Gebiet von Jerichower Land und Westfläming durchzieht, und zwar von Westen nach Osten. Von den Bahnhöfen Biederitz, Burg, Güsen und Genthin zweigten strahlenförmig die Kleinbahnen in Richtung Norden und Süden ab, die einst eine große Bedeutung für die Region hatten.

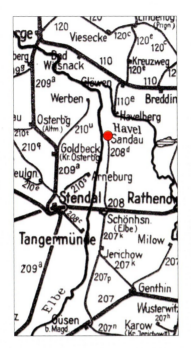

Sandau (Elbe).

Sandau, der Ausgangspunkt unserer Reise durchs Jerichower Land, liegt mitten im Elbe-Havel-Winkel und ist mit seinen nicht einmal 1000 Einwohnern eine der kleinsten Städte Deutschlands. Eigentlich ein Ort, der sich dem durchreisenden Fremden nicht weiter einprägen würde. Seinen Eisenbahnanschluss verdankte Sandau der Genthiner Kleinbahn AG, die ihre Stammstrecke Genthin - Jerichow - Schönhausen im Jahre 1909 in nördlicher Richtung bis Sandau verlängerte. Das nur noch 6 km entfernte Havelberg wurde entgegen erster Planungen vor allem aus finanziellen Gründen jedoch nie erreicht. Hier hätte die Havel überwunden werden müssen.

Es versteht sich von selbst, dass so ein kleiner Ort wie Sandau nicht wegen seines hohen Reisendenaufkommens an das Eisenbahnnetz angeschlossen wurde. Landwirtschaftliche Güter, aber auch militärstrategische Überlegungen hielten die Strecke am Leben. 1993 kam das schnelle Aus, als im Zuge der Bauarbeiten an der Neubaustrecke Hannover - Berlin eine Brücke abgetragen werden musste.

Wie es sich für den Endpunkt einer Strecke geziemt, bekam Sandau ein großzügiges, wenn auch schmuckloses Bahnhofsgebäude mit Dienstwohnungen (benutzt, wie man sieht) und Gaststätte. Die Familie des Bahnhofsvorstehers scheint sich zum Fototermin vollständig versammelt zu haben. Das Empfangsgebäude, wie es sich auf der Karte zeigt, hat sich bis zum Ende seiner Nutzung äußerlich fast nicht verändert.

Im Vordergrund steht vor der herrlichen Zuggarnitur vermutlich ein von Henschel gebauter Zweikuppler, der 1909 beschafft wurde.

Schönhausen (Elbe).

Von Sandau aus sind wir nun 24 Kilometer stets nach Süden gefahren. Diese patriotisch daherkommende Ansichtskarte, gestempelt im Jahre 1904, zeigt das streng gegliederte, aber dennoch ansprechende Empfangsgebäude des Bahnhofs Schönhausen (Elbe), das sein Aussehen bis heute nur minimal verändert hat, sieht man einmal davon ab, dass es sich jetzt in einem beklagenswert heruntergekommenen Zustand befindet.

Der Bahnhof sähe vermutlich noch schlimmer aus, gäbe es hier nicht bis heute bescheidenen, aber stabilen Zugverkehr, der sich freilich nicht aus der schon erwähnten Strecke Genthin - Schönhausen speist, die längst stillgelegt ist, sondern aus der Hauptbahn Berlin - Stendal. Hier hält denn auch noch tagsüber alle zwei Stunden eine Regionalbahn nach Stendal bzw. Rathenow. Die Strecke ist heute eingleisig, doch gleich daneben kann man die schnittigen ICE– und IC-Züge der Deutschen Bahn auf der zweigleisigen und elektrifizierten Schnellfahrstrecke Berlin - Hannover vorbeisausen sehen.

Schönhausen selbst ist eine unscheinbare Gemeinde mit nicht einmal 3000 Einwohnern, sie hat allerdings einen berühmten Sohn. 1815 wurde hier der spätere Reichskanzler Otto von Bismarck geboren. Unglücklicherweise ließ der Havelberger Kreistag dessen Geburtshaus, das Schloss Schönhausen I, im Jahre 1958 sprengen. Lediglich ein kleiner Seitenanbau davon blieb erhalten. Ärgerlich, denn sonst könnte die Gemeinde sicherlich jedes Jahr Heerscharen von Touristen begrüßen und vielleicht gut davon leben.

Die Ansichtskarte mit dem Konterfei und markigen Ausspruch Bismarcks jedenfalls blieb erhalten.

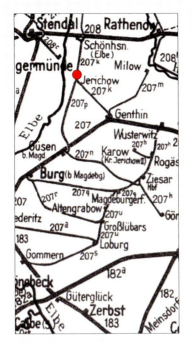

Jerichow.

Der Bahnhof Jerichow kann als das betriebliche Zentrum der Kleinbahnen des gleichnamigen Landes angesehen werden, trafen sich hier doch die Strecken aus Güsen, Genthin und Schönhausen (Elbe). Sogar ein eigenes Bahnbetriebswerk war hier angesiedelt, das aus der Hauptwerkstatt der Genthiner Kleinbahn AG hervorgegangen war und durch den langjährigen Einsatz der Dampflok-Baureihe 24, die den Spitznamen „Steppenpferd" trug, bei Eisenbahnfans bekannt wurde. Nur vier Maschinen davon waren bei der Deutschen Reichsbahn (DR) nach der Teilung Deutschlands verblieben, doch sie erfüllten bis 1968 im Jerichower Land treu ihren Dienst.
Fortan eroberten den Bahnhof Jerichow und seine Eisenbahnstrecken die als Ferkeltaxen bekannten roten Leichtverbrennungstriebwagen (LVT) der DR, von der Deutschen Bahn zuletzt als 771/772 eingereiht. Sie genügten für das überschaubare Fahrgastaufkommen.

Kurz vor der Jahrtausendwende kam das Aus. Nach Einstellung der Personenbeförderung auf den Strecken Güsen - Jerichow, Genthin - Jerichow - Schönhausen (Elbe) und Güsen - Ziesar am 29. Mai 1999 war die Existenzgrundlage für die Einsatzstelle (seit 1993 dem Bw Stendal untergeordnet) und den Bahnhof nicht mehr gegeben. Ein interessantes Kapitel Eisenbahngeschichte ging unweigerlich zu Ende.
Heute ist - Ironie des Schicksals - im ehemaligen Empfangsgebäude, dem man alle seine Streckengleise geraubt hat, eine Gleisbaufirma (!) zuhause.
Die Holländermühle im Kartenhintergrund existiert noch immer, ihr technischer Innenaufbau ist vollständig erhalten und kann besichtigt werden.

Güsen.

Von Jerichow geht's nach Güsen, eine 2000-Seelen-Gemeinde zwischen Burg und Genthin. Sie wäre wohl nicht weiter erwähnenswert, hätte sie nicht so großes Glück mit ihren ausgezeichneten Verkehrsanbindungen gehabt.
Da gibt es den wichtigen Elbe-Havel-Kanal, der direkt an der Ostflanke des langgezogenen Ortes vorbeiführt und den einfachen Abtransport industrieller Güter wie etwa Holz ermöglicht(e), dessen Produktion in Güsen Tradition hat. 1846 bekam der Ort außerdem einen Bahnhof - die Hauptstrecke Magdeburg - Potsdam berührte ihn an seinem südlichen Zipfel. Zum Bahnhof Güsen Dorf, an der später erbauten Verbindung nach Jerichow gelegen, waren es immerhin 2,3 km. Und noch eine dritte Strecke bekam Güsen, ab 1917 konnte man auch in Richtung Ziesar fahren. Nur ein paar Meter hinter dem schönen Empfangsgebäude der Hauptbahn - auf dieser Ansichtskarte zu bewundern - endeten auf zwei Stumpfgleisen die Strecken der Kleinbahnen. Sie hatten einst ein eigenes, deutlich schlichteres Bahnhofsgebäude. Ein Foto mit zwei Ferkeltaxen direkt nebeneinander war in den 1990-er Jahren, als es mit den Linien nach Jerichow und Güsen zu Ende ging, Pflicht für jeden passionierten Eisenbahnfotografen. Heute tummeln sich dort keine Fotojäger mehr, gespenstische Ruhe ist eingekehrt. Befahren wird nur noch ein kleiner Streckenabschnitt nach Zerben, wo ab und zu ein Betonschwellenwerk zu bedienen ist.
Den jetzigen Haltepunkt Güsen hat man von seinem einst schönen Empfangsgebäude abgetrennt und - wenig zum Verweilen einladend - als einfachen Bahnsteig ein paar hundert Meter entfernt neu errichtet.

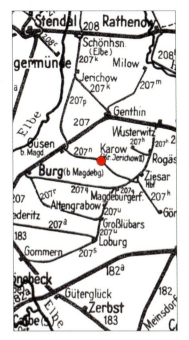

Tucheim.

Das Dörfchen Tucheim hat, obwohl es stets unbedeutend blieb, eine lange Geschichte aufzuweisen. Bereits im Jahre 965 war es zum ersten Mal urkundlich erwähnt worden. Fast tausend Jahre später, am 21. Oktober 1916, hielt der erste reguläre Personenzug im kleinen Bahnhof des Ortes, der an der Bahnstrecke Güsen - Ziesar lag. Einen Monat früher war bereits der Güterverkehr aufgenommen worden. Betreiber war die Ziesarer Kleinbahn AG. Von Ziesar aus hatte die Bahn etwas mehr als die Hälfte ihres Weges nach Güsen zurückgelegt. Den restlichen Abschnitt konnte sie erst am 2. April 1917 befahren, so lange zog sich die Fertigstellung der Trasse hin. Der gerade begonnene Erste Weltkrieg verhinderte eine kontinuierliche Durchführung der Bauarbeiten.

Trotz des Bahnanschlusses behielt das Dörfchen seinen ländlichen Charakter, bedeutende Industriebetriebe konnten sich nicht ansiedeln. Für die Gleise genügte eine Kiesbettung. Im Jahre 1949 wurde die Strecke, inzwischen zur Kleinbahn-AG Genthin-Ziesar gehörig, der Deutschen Reichsbahn zugeschlagen.

In den letzten Jahrzehnten beherrschten den Bahnhof Tucheim die DR-Schienenbusse, zuerst in blutroter, später in mintgrüner Farbgebung. Durchschnittlich waren etwa sechs bis acht Zugpaare unterwegs. 1999 verlor die Strecke und damit der Bahnhof seinen Zugverkehr.

Auf der schönen Ansichtskarte, die den Bahnhof in seiner Frühzeit zeigt, scheint sich der halbe Ort versammelt zu haben. Leider trägt sie kein Datum. Das Empfangsgebäude war übrigens - anders, als es die Karte vermitteln mag - zumindest in den letzten Jahrzehnten seines Betriebes immer schneeweiß gestrichen und bestens gepflegt.

Gerwisch.

Gerwisch (heute zur Einheitsgemeinde Biederitz gehörig) ist weniger berühmt durch seinen kleinen, jedoch einst sehr ansehnlichen Bahnhof, sondern viel mehr durch ein Werkzeug, das so etwa 150.000 Jahre alt ist: ein Faustkeil, der bei Ausgrabungen in der Gegend zufällig gefunden wurde. So lange leben also schon Menschen auf diesem Fleckchen Erde (heute nur ein paar Steinwürfe von der Elbe entfernt), welcher übrigens zu den trockensten Ecken Deutschlands gehört: 99 Prozent aller Orte unseres Landes haben mehr Regen im Jahr als Gerwisch.

Da das Dorf an der Hauptbahn Berlin - Magdeburg liegt, verfügt es bis heute über einen funktionierenden Bahnanschluss. Zweistündlich halten hier tagsüber aus beiden Richtungen Regionalbahnen.

Steigt man in Gerwisch aus, sieht man allerdings am Ende des Bahnsteigs ein (nicht mehr genutztes) anderes Bahnhofsgebäude als auf der Karte abgebildet. Es ist deutlich größer und besitzt ein ziegelgedecktes Walmdach. Es wurde bald, nachdem diese Aufnahme entstanden sein muss, gebaut. Der Magdeburger Fotograf, der hier das Bahnhofspersonal um exakt elf Uhr vormittags zum Fototermin gebeten hat, ließ übrigens auf der Rückseite der 1910 gestempelten Karte den Vermerk „Platte bleibt für Nachbestellungen aufbewahrt" drucken. Ob dies allerdings heute noch möglich ist, darf getrost bezweifelt werden.

Qualitativ erfüllt die Aufnahme - im Lichte ihres Alters und der damals zur Verfügung stehenden Technik gesehen - übrigens hohe Ansprüche. Die Schilder *Bahnvorstand* und *Bahntelegraph* über der rechten Tür sind unter der Lupe klar und scharf zu entziffern.

Stempel auf einer Reichspostkarte aus dem Jahr 1937. Obwohl der Truppenübungsplatz in Altengrabow bereits 1902 eröffnet worden war, fuhr dieser Zug nur bis Loburg, dessen Ansichtskarte auf der nächsten Doppelseite zu betrachten ist.

Biederitz.

Nur drei Kilometer weiter auf der „Magistrale" von Berlin nach Magdeburg, die zwischen 1838 und 1846 von der Berlin-Potsdam-Magdeburger Eisenbahngesellschaft gebaut wurde, erreichen wir schon unseren nächsten Bahnhof: Biederitz. Jetzt sind wir vor den Toren Magdeburgs angekommen, bis zu seiner östlichen Stadtgrenze fährt man nur noch wenige Minuten.

Der Ort, am Flüsschen Ehle gelegen, ist sehr alt. Kaiser Otto I. erwähnte ihn bereits im Jahr 938 in einer Schenkungsurkunde. Seinen Bahnanschluss hat er seit 1870.

Biederitz verfügt über einen eher selten anzutreffenden Keilbahnhof und ist ein kleiner Bahnknoten. Von hier zweigt die wichtige Strecke Magdeburg - Dessau - Leipzig ab, außerdem beginnt in Biederitz die Nebenbahn nach Loburg (- Altengrabow), die allerdings seit Dezember 2011 ihren Personenverkehr verloren hat, weil dem Land zu wenig Fahrgäste in den Zügen saßen.

Die Karte stammt wahrscheinlich vom 28.12.1909 (der Stempelabschlag ist nicht ganz sauber) und wurde mit dem Zug Magdeburg - Zerbst - Leipzig befördert. Ihr Ziel war Oranienbaum. Man erkennt sehr gut, dass die kleine Bahnsteigüberdachung des Hausbahnsteigs noch nicht errichtet ist. Nur ein paar Jahre später wird sie dann fertig sein und schützt noch heute - inzwischen erneuert - die Reisenden vor den Launen des Wetters.

Aber eine gepflegte Bahnhofsgaststätte existierte zu diesem Zeitpunkt schon, bei Sonnenschein konnte man im Sommer auch draußen auf dem Bahnsteig 4 ein Bier trinken. Übrigens gibt es diese Gaststätte bis heute, was für einen so kleinen Ort wie Biederitz durchaus als Rarität gelten muss.

Königsborn.

Königsborn ist ein ziemlich unbedeutender Bahnhof an der Strecke Magdeburg - Dessau - Leipzig, gerade einmal 4 km südlich vom Bahnhof Biederitz gelegen. Immerhin bewohnten den Ort zur Zeit der Entstehung der Bahnlinie - das war im Jahr 1874 - nur etwa 200 Seelen. Dass wir heute trotzdem noch eine Abbildung des Empfangsgebäudes besitzen, verdanken wir wohl dem Gastwirt Paul Eichel, Inhaber des seinerzeit offensichtlich beliebten und gut gehenden Restaurants „Waldfrieden".

Bei der geringen Einwohner– und folglich Kundenzahl für die Eisenbahn in Königsborn ist es schon verwunderlich, dass das Dörfchen (heute in die Gemeinde Biederitz integriert) ein solch großes und vor allem schönes, mit Elementen der Backsteingotik gestaltetes Empfangsgebäude bekam. Man beachte den Balkon über dem Eingang zu den Warteräumen am rechten Seitenflügel. Auch dort hat sich jemand für das Foto positioniert. Welcher Bahnhof verfügt schon über einen Balkon mit Blick auf die Gleise! (Im Laufe der Zeit ist er übrigens mit einem nicht ganz stilgetreuen Wetterschutz in Form eines hölzernen Schleppdachs versehen worden, das heute noch immer existiert, aber leicht wieder entfernt werden könnte.)

Bis in die Gegenwart ist das Gebäude im wesentlichen in seinem Originalzustand erhalten geblieben, auch wenn es schon bessere Tage gesehen hat. Einige Räume sind bewohnt. Die herrliche Bahnhofsuhr ist verschwunden, doch man erkennt noch immer, wo sie befestigt war. Selbst der schöne Schriftzug des Bahnhofsnamens lässt sich, wenn auch nicht mehr ganz vollständig, noch gut identifizieren. Der Hausbahnsteig ist instand gesetzt, und stündlich kann man hier noch in beide Richtungen in einen Zug steigen. Nur Fahrkarten erhält man am Schalter von Königsborn keine mehr.

Bahnhof Loburg

Loburg.

Loburg liegt am Oberlauf des Flüsschens Ehle im westlichen Zipfel des Flämings und ist mit seinen gut 2300 Einwohnern nicht besonders groß. Am 1. Oktober 1892 kamen die ersten Züge in dieses flache, von Landwirtschaft und Holzbau geprägte Land. Aus Biederitz kommend hatte die Preußische Staatseisenbahn eine Normalspurstrecke gebaut. Die Anschrift am Bahnhofsgebäude zeugt davon.

Doch dabei blieb es nicht: Am 20. April 1903 erreichte auch eine Schmalspurbahn Loburg, und zwar aus dem in nördlicher Richtung gelegenen Großlübars (heute Lübars), die über Loburg hinaus bis ins etwa 20 km entfernte Gommern fortgeführt wurde und zum Netz der Kleinbahnen des Kreises Jerichow I (KJI) gehörte. Und da in Altengrabow (nördlich von Lübars) ein großer Truppenübungsplatz entstanden war, begehrte die Armee auch einen Normalspuranschluss für ihre Militärzüge, weshalb man kurzerhand die Strecke aus Biederitz auf der Trasse der Schmalspurbahn verlängerte und ein Dreischienengleis verlegte. Das blieb bis zur Stilllegung des gesamten Schmalspurnetzes der KJI im Jahre 1965 erhalten. Vor der Bahnhofseinfahrt aus Lübars aber stand viele Jahrzehnte ein ziemlich seltenes dreiflügliges Einfahrsignal, im Bahnjargon Hp3 genannt. Je nach Flügelstellung konnte der Lokführer erkennen, ob er bei Weiterfahrt das Schmalspurgleis nach Gommern oder die Regelstrecke nach Biederitz befahren würde.

Heute ist Loburg vom regelmäßigen Zugverkehr befreit, nur die Militärzüge (!) fahren manchmal noch. Eine Petition für die Wiederaufnahme des Schienenverkehrs zwischen Loburg und Magdeburg blieb erfolglos.

Zug 11 von Burg über Groß Lübars nach Magdeburgerforth beförderte die Postkarte mit diesem Bahnpoststempel am 3.6.1913 nach Berlin. Um sein Ziel zu erreichen, benutzte der Zug nicht die direkte Verbindung, sondern die längere Variante über die Südschleife.

Magdeburgerforth.

Die ersten Gleise liegen schon, doch hier - mitten im Wald - soll noch Großes passieren. Zumindest wenn es nach dem Willen des Traditionsvereins Kleinbahn des Kreises Jerichow I e.V. geht.

Zu ebenjener Kleinbahn gehörte einst ein ganzes Streckennetz. Und Magdeburgerforth, ein Örtchen nahe der Landesgrenze nach Brandenburg mit nur wenig mehr als 200 Einwohnern, war dabei ein richtiger Eisenbahnknoten.

Die Geschichte des Eisenbahnverkehrs auf dem Kleinbahnnetz Jerichow I (KJI) begann mit dem 4. April 1896, als der Streckenabschnitt Burg - Grabow - Magdeburgerforth eröffnet wurde. Noch im selben Jahr ging's (übrigens auf 750 mm Spurweite) weiter nach Ziesar Ost und Groß Lübars über Altengrabow, wo die Strecke teilweise sogar mit einem Dreischienengleis ausgestattet war *(siehe vorige Seite)*. Weitere Abschnitte kamen dazu und ergänzten das Netz, das einst stolze 101,8 km Streckenlänge aufwies.

Es wird niemanden verwundern, dass die Industrialisierung, die wachsende „Gummikonkurrenz" auf der Straße und der immer stärker aufkommende Individualverkehr auch diesem Kleinbahnnetz den Garaus machten. 1965 verließ der (vorerst) letzte Zug den beschaulichen Bahnhof Magdeburgerforth. Bis sich im Jahr 2000 besagter Verein gründete, um dieses Streckennetz vor der endgültigen Vergessenheit zu bewahren. Am 7. Mai 2011 wurde der Museumsbetrieb auf der 800 m langen Strecke zwischen Magdeburgerforth und dem Hp. Lumpenbahnhof eröffnet. Auch wenn bisher nur ein kleiner Abschnitt wieder aufgebaut ist, der Anfang ist geschafft ...

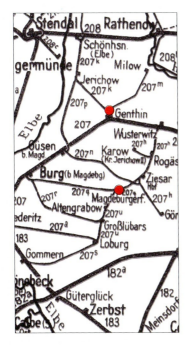

Am Ende war er nur noch eine hässliche Ruine, der Genthiner Kleinbahnhof, welcher sich direkt neben dem Hauptbahnhof der Stadt nördlich der Strecke Berlin - Magdeburg befand.

Dass das Empfangsgebäude einmal sehr schön gewesen ist, zeigt diese Ansichtskarte, gestempelt 1930. Im Jahre 2012 rissen die Bagger das Empfangsgebäude (oder was davon übrig war) schließlich ab, um Platz für die Erweiterung eines Busbahnhofs und für Parkplätze zu schaffen. 1925 war es gebaut worden.

Der Kleinbahnhof Genthin, der - obwohl sogar am Empfangsgebäude zu lesen - diese Bezeichnung offiziell nie getragen zu haben scheint, war Ausgangspunkt der Strecken Genthin - Jerichow - Schönhausen, eröffnet am 25. Oktober 1899, und Genthin - Milow, gut einen Monat später, nämlich am 27. November 1899 in Betrieb gegangen. Ins brandenburgische Milow zweigte das Gleis etwa

Genthin Kleinbahnhof.

zwei Kilometer nördlich des Kleinbahnhofs von der Jerichower Strecke nach Nordosten ab, unmittelbar nachdem es den Elbe-Havel-Kanal überquert hatte. Beide Verbindungen gehörten der Genthiner Kleinbahn AG, die sich später mehrfach umbenannte und 1949 schließlich in der Deutschen Reichsbahn der DDR aufging. Nach Milow konnte man ab 1967 nicht mehr reisen - da verlor die Strecke ihren Personenverkehr. Von ihr existiert heute noch ein Anschlussgleis in ein Waschmittelwerk.

In Richtung Jerichow sah es besser aus. Erst nach der Wende kam auch für diese Verbindung das Ende. Besonders tragisch, dass sie wenige Tage vor ihrem hundertsten Geburtstag vom Land Sachsen-Anhalt abbestellt wurde.

Genthin.

Vom Genthiner Kleinbahnhof zum „großen" Bahnhof Genthin ging man nur wenige Schritte. Nun sind wir wieder auf der „Magistrale" Berlin - Magdeburg angekommen, die wir zuvor schon in Güsen und Biederitz berührt hatten.

Der Ort, von dem es ins Land Brandenburg nur ein paar Kilometer sind, war in der DDR eine Kreisstadt, ist aber inzwischen Teil des Landkreises Jerichower Land und hat dieses Privileg dem näher an Magdeburg gelegenen Burg überlassen müssen.

Das 1843 erbaute Bahnhofsgebäude ist bis heute in seiner ursprünglichen Schönheit und besonderen Architektur zu bewundern. Lediglich eine Überdachung des Hausbahnsteigs, die irgendwann hinzugekommen ist, stört nun den unverstellten Blick, den beide Karten noch bieten. Die linke wurde 1902 abgestempelt, die rechte erst 41 Jahre später, obwohl die abgebildete Aufnahme erheblich früher entstanden sein dürfte.

Der Eisenbahnverkehr des Genthiner Staatsbahnhofs (diese Anschrift trägt er auf der rechten Karte) allerdings erlebte in seiner nun schon langen Geschichte mehrere Hochs und Tiefs. In den 1930-er Jahren florierte der Zugverkehr, denn die Trasse stellte eine wichtige Verbindung Berlins mit Westdeutschland dar.

Nach dem Zweiten Weltkrieg verlor die Strecke im Zuge von Reparationsleistungen ihr zweites Gleis, genauso wie ihre einstige Bedeutung. Doch es ging (zunächst) wieder bergauf. 1976 wurde die Verbindung erneut durchgehend zweigleisig, denn der Zugverkehr hatte auch in der DDR kontinuierlich zugenommen. Die Wende puschte diese Entwicklung noch einmal. Als Teil des

*Ein Bahnpoststempel der Strecke Berlin - Magdeburg, entstanden im Zug 361 am 17.8.1919.
Die Sondermarke würdigt übrigens die Wahlen zur Deutschen Nationalversammlung, in der erstmals in Deutschland auch Frauen das Wahlrecht hatten.*

Genthin Bahnhof.

Verkehrsprojekts Deutsche Einheit Nr. 5 wurde die Strecke elektrifiziert und für 160 km/h ausgebaut. Doch die schnellen ICE-Züge fuhren hier nicht lange. Seit es wieder eine noch attraktivere Verbindung zwischen Berlin und dem Westen über Stendal gibt, nutzen die Magistrale neben dem ansehnlichen Güterverkehr praktisch nur noch Regionalzüge.

Der schwärzeste Tag des Bahnhofs Genthin jedoch ist mit einem anderen Ereignis verbunden. Auf dem Bahnhofsvorplatz steht ein kleines, fast unscheinbares Denkmal. Die Achse einer Dampflok, darüber ein Metallschild auf drei Füßen. Es erinnert an das bis heute schwerste Eisenbahnunglück auf deutschem Boden, bei dem 1939, kurz vor Weihnachten, wahrscheinlich 278 Menschen ums Leben kamen.

Der völlig überfüllte D 10 von Berlin Potsdamer Bahnhof nach Köln Hbf muss auf seiner Fahrt bis Genthin wegen eines vor ihm fahrenden Militärzuges (es ist das erste Kriegsjahr) mehrfach halten und sammelt so eine immer größere Verspätung an, die der eine halbe Stunde nach ihm vom selben Bahnhof gestartete D 180 nach Neunkirchen schnell aufholt.

Und dann geschieht das, was in den Akten immer als eine „Verkettung unglücklicher Umstände" subsumiert wird: Ausgerechnet an diesem Tag ist die Induktive Zugsicherung der Lok des zweiten Zuges, die ihn automatisch stoppen würde, ausgebaut, der Lokführer übersieht zwei Haltesignale und der Mann auf dem Stellwerk gibt dem falschen Zug das Signal zur Notbremsung. Mit etwa 100 km/h rast der D 180 auf den noch im Bahnhof Genthin stehenden D 10 auf. Die Katastrophe nimmt ihren Lauf. Die Angaben über die genaue Anzahl der Toten schwanken; sie wurde offiziell nie bekannt gegeben. Es war Krieg.

Die Magdeburger Börde

Sie ist flachwellig, weitläufig und fast baumlos. Die Magdeburger Börde gilt als zentrale Landschaft Sachsen-Anhalts und ist weit über die Grenzen des Bundeslandes hinaus berühmt für seine überaus fruchtbaren Schwarzerde-Böden. Bei Eickendorf (Bördeland) gibt es mit der Bodenwertzahl 100 den besten Boden Deutschlands. Eine Probe von dort gilt als Richtschnur für die Einschätzung aller Böden unseres Landes.
Die Grenzen der Magdeburger Börde sind meist fließend. Im Norden das Flüsschen Ohre, im Westen Niedersachsen, im Süden das Harzvorland und im Osten die Elbe sind grobe Orientierungen.
Wie die Karten auf den folgenden Seiten vielfältig zeigen werden, existierte auch in der Börde einst ein dichtes Netz an Haupt- und Nebenbahnen. Die Züge auf dessen Gleisen beförderten neben Fahrgästen natürlich vor allem landwirtschaftliche Güter, aber mit Kalisalz und Braunkohle auch Bodenschätze, die in der Region gefunden wurden.
In der DDR konnte sich dieses Netz bis auf wenige Ausnahmen weitgehend halten. Die Wirtschaft des Landes war auf die Strecken angewiesen. Es gab reichlich Güterverkehr und auch auf den kleineren Bahnhöfen Rangierarbeiten. Erst nach der politischen Wende änderte sich dies geradezu dramatisch. Während auf den Hauptstrecken auch heute noch Züge rollen, stand dem Nebenbahnnetz der Region ein gnadenloses Schicksal bevor. Im Zuge der Deindustrialisierung setzte ein Kahlschlag beim Stilllegen von Eisenbahnlinien ein. Allein 1998/99 wurden 13 Strecken und Streckenabschnitte in Sachsen-Anhalt dem Rotstift geopfert, viele in der Magdeburger Börde. Heute erinnern oft nur noch verwaiste Empfangsgebäude und kaum mehr erkennbare Bahnsteige an die einst gern genutzten Stationen.

Ochtmersleben.

Es müssen schon einige glückliche Umstände zusammenkommen, wenn in einem Örtchen mit gut 500 Einwohnern mitten auf dem flachen Land auch in der Gegenwart noch planmäßig Personenzüge halten. Wenn man aber weiß, dass dieser Bahnhof darüber hinaus noch mehr als einen Kilometer vom eigentlichen Ort entfernt liegt, mag man es kaum glauben.
Ochtmersleben hat dieses Kunststückchen geschafft. Einer der glücklichen Umstände dafür war zweifellos, dass der Bahnhof (heute nur noch ein Haltepunkt) an einer stark befahrenen Hauptstrecke liegt, nämlich der Verbindung Magdeburg - Braunschweig. Über deren Geschichte gibt es auf der übernächsten Seite mehr zu lesen.
Doch die Fügung, ein Bahnhof an einer Hauptstrecke zu sein, half offensichtlich keineswegs, das architektonisch gelungene Empfangsgebäude zu retten. Nehmen Sie sich ein wenig Zeit beim Betrachten der seltenen Karte, Sie werden viele interessante Details entdecken. Zum Beispiel die beiden herrlichen Balkone mit bestem Blick direkt auf die Bahngleise oder die interessanten Schornsteinköpfe. Heute sind nicht nur die Stellwerke und alle Weichen für immer verschwunden, auf die Reisenden wartet in Ochtmersleben nur noch ein lebloser, zugiger Betonunterstand. Ganz ähnlich erging es übrigens dem genauso schönen Empfangsgebäude von Dreileben-Drackenstedt, das mit nur drei Kilometern Entfernung praktisch noch in Sichtweite lag. Bitte umblättern!
Die Karte ist am 15.3.1928 im Nachbarort Eichenbarleben gestempelt worden und nach Leitzkau bei Magdeburg gelaufen.

Dreileben-Drackenstedt.

Bahnhöfe mit Doppelnamen liegen meist genau dazwischen - und oft sind sie deshalb weitab vom Schuss, was sie in Zeiten wie diesen, in denen alles schnell gehen muss, nicht eben attraktiv macht.

Der Bahnhof mit dem klangvollen Namen Dreileben-Drackenstedt (damals noch ohne c geschrieben) macht da keine Ausnahme, im Süden liegt Dreileben, im Norden Drackenstedt, beide mindestens einen Kilometer von den Bahnsteigen entfernt. Denn das auf der Karte (gestempelt am 25.9.1905 im Zug 308 von Magdeburg nach Hannover) zu sehende hübsche Bahnhofsgebäude wurde wie schon sein Nachbar ein paar Kilometer weiter östlich vor einigen Jahren abgerissen. Dabei befand es sich äußerlich fast noch in dem Zustand wie auf der Abbildung; nur die beiden imposanten Läutewerke in der Mitte existierten nicht mehr, die Uhr war gegen ein DDR-Modell ausgewechselt worden und an einigen Fenstern „zierten" Satellitenschüsseln die Fassade, was immerhin darauf schließen lässt, dass der Bahnhof noch in jüngster Zeit bewohnt gewesen war.

Denn ein Bahnhof ist Dreileben-Drackenstedt nämlich auch heute noch, um zum Bahnsteig zu gelangen, muss der Zug wenigstens eine Weiche passieren. Doch das tröstet letztlich wenig.

Dreileben übrigens ist der größere der beiden Orte, mit knapp 600 Einwohnern sind das immerhin 100 mehr, als Drackenstedt aufweisen kann.

Erwähnenswert ist auch noch der Bahnübergang direkt am Bahnhof. Er ist ein Ärgernis, denn er ist oft und lange geschlossen. Autofahrer warten hier schon mal zehn Minuten oder auch mehr, um ihn passieren zu können.

Die oben abgebildete Briefmarke bekam ihren Stempel am 12.9.1919 in Zug 5 der Strecke Eilsleben - Neuhaldensleben (dem späteren Haldensleben). Die Strecke wurde zum 22.12.2000 stillgelegt. Derzeit gibt es konkrete Pläne, daraus einen Radweg zu machen.

Eilsleben, Bez. Magdeburg

Eilsleben.

Zöge man auf einer Landkarte eine gerade Linie zwischen Braunschweig und Magdeburg, so berührte diese auch Eilsleben. Es schien also nur eine Frage der Zeit, bis der Ort einen Bahnanschluss erhalten würde. Doch der frühe Vogel fängt den Wurm, und das waren in diesem Falle die Herzoglich-Braunschweigische Staatseisenbahn (die erste deutsche Staatsbahn) und die Magdeburg-Halberstädter Eisenbahn, welche zusammen eine Verbindung von Braunschweig (allerdings über Jerxheim und Oschersleben) nach Magdeburg gebaut hatten. Die ging bereits 1843 in Betrieb und war noch dazu Teil der Hauptbahn nach Berlin. Zu der Zeit sprach in Eilsleben noch niemand von der Eisenbahn. Später schon, doch die Konkurrenz war eben bereits da. Und so dauerte es bis zum 15. September 1872, dass die Eilslebener ihren Bahnhof eröffnen durften. Dafür konnte man aber auch gleich zwei Bahnstrecken einweihen, nämlich eine nach Schö-ningen und eben die Verbindung nach Helmstedt und Braunschweig bzw. Magdeburg in der Gegenrichtung. Das Bahnhofsgebäude fiel entsprechend großzügig aus, inklusive Wohnungen für das Personal.

Eilsleben war ein kleiner Bahnknoten geworden und wuchs in der Folgezeit sogar zu einem recht stattlichen heran, denn 1882 wurde die Zuckerbahn nach Seehausen (später bis Blumenberg) und 1887 die Verbindung nach Haldensleben eröffnet.

Das ging ein Jahrhundert gut, dann begann auch für den Bahnhof Eilsleben das große Streckensterben. Heute halten hier nur noch die Regionalbahnen von Magdeburg nach Braunschweig und zurück, an einer Strecke fast wie mit dem Lineal gezogen.

Auch 1915 konnte man die Verbindung von Stassfurt über Blumenberg nach Eilsleben schon ohne umzusteigen bereisen, wie dieser Bahnpoststempel beweist. Heute gibt es auf beiden Strecken keinen planmäßigen Personenverkehr mehr.

Wanzleben (b Magdeburg).

Die Zuckerrübe ist eine anspruchsvolle Pflanze. Sie gedeiht nur gut, wenn man ihr beste Böden bietet. Der ehemalige Kreis Wanzleben, heute im Landkreis Börde aufgegangen (die Etymologen vermuten, „Börde" bedeutete einst „ertragreiches Land"), hat solche im Überfluss. Und so nennt man die Strecke Eilsleben - Blumenberg, an der sich der Bahnhof Wanzleben befindet, liebevoll auch Zuckerbahn.

Schon um 1850 hatten sich hier Strukturen herausgebildet, die unter dem Begriff „Fabrikwirtschaften" bekannt wurden. Zuckerfabriken pachteten oder kauften Ackerböden, um von kleinbäuerlichen Zulieferern unabhängig zu sein und großflächig anbauen zu können. Für die Beförderung der Hackfrüchte und ihrer Endprodukte brauchten sie aber ein zuverlässiges und leistungsfähiges Transportmittel. Hier kam nur der Bau einer Bahnstrecke infrage, die ab 1882 schrittweise eröffnet wurde. Der Güterverkehr stand auf der Zuckerbahn also immer im Vordergrund, und er ist es auch, der die Strecke wenigstens teilweise gerettet hat. 2002 wurde der Personenverkehr eingestellt. Die letzte der einst 188 Rübenzuckerfabriken in der Börde war bereits 1990 stillgelegt worden, nur ein Jahr nach der politischen Wende. Vier Jahre später ging jedoch bei Klein Wanzleben das damals modernste Zuckerwerk Europas in Betrieb. Es stellte kontinuierlichen Güterverkehr in Aussicht, weshalb der Streckenabschnitt bis Blumenberg sogar saniert wurde.

Den Bahnhof Wanzleben rettete das freilich nicht. Doch wenigstens blieb er erhalten und ist heute nach umfassender Sanierung ein Soziales Zentrum des Deutschen Rotes Kreuzes. Es hätte ihn schlechter treffen können.

Blumenberg.

Nur ein paar Minuten hinter Wanzleben erreichen wir nach einer ausgedehnten Rechtskurve auch schon Blumenberg. Das Dörfchen liegt südwestlich der Landeshauptstadt Magdeburg und zählt keine 400 Einwohner. Als 1843 die Bahn kam, waren es noch viel weniger. Aber sein Bahnhof ist beachtlich: Er besitzt ein stattliches zweigeschossiges Empfangsgebäude, das auch eine gutgehende Gaststätte beherbergte, und verfügte in seiner größten Ausdehnung in den 1930-er Jahren über 18 (!) Gleise.
Der Grund dafür ist einfach. Blumenberg lag zufällig am richtigen Fleck und war bald ein bedeutender regionaler Eisenbahnknoten, der gleich von vier Strecken berührt wurde: eben von der Hauptbahn Magdeburg - Thale und den Nebenbahnen nach Staßfurt, Eilsleben und Schönebeck. Die fruchtbare Magdeburger Börde mit ihren weiten Feldlandschaften und zahlreichen Zuckerfabriken hatte für eine dichte Erschließung durch die Eisenbahn gesorgt. Beide waren eben stets aufeinander angewiesen. Heute sind sämtliche Nebenbahnen um Blumenberg stillgelegt. Nur die nach Norden abzweigende Strecke in Richtung Wanzleben (- Eilsleben) wird noch für einen bescheidenen Güterverkehr genutzt, wie auf der vorigen Seite beschrieben. Die Züge vom *HarzElbeExpress* aus Halberstadt und Magdeburg halten zwar weiterhin, doch wie lange noch, ist ungewiss. Im Gespräch ist schon länger, die Strecke für 120 km/h auszubauen, was wohl das Aus für die Bahnstation Blumenberg bedeuten würde.
Die Karte ist undatiert, dürfte jedoch um 1915 hergestellt worden sein. Und wie so oft damals: Alles, was Beine hatte, scheint sich für die Aufnahme zum Bahnhof aufgemacht zu haben.

Langenweddingen.

Der 6. Juli 1967 war ein heißer Tag in der Börde. Für das kleine Dorf Langenweddingen sollte es einer der schwärzesten seiner Geschichte werden. An diesem Donnerstag stieß genau an der Stelle, die die Karte (ca. 1925) zeigt, nämlich auf dem Bahnübergang der ehemaligen F 81 direkt neben dem Stellwerk, der beschleunigte Personenzug P 852, aus Magdeburg kommend, mit einem Minol-Tanklastwagen zusammen, der mit 15.000 Litern Leichtbenzin befüllt war. Die anschließende Explosion forderte nach offiziellen Angaben 94 Todesopfer.

Ein Kabel der Post war in einem der sich senkenden Schrankenbäumen hängen geblieben, das anschließende Hochkurbeln *beider* Schrankenbäume durch den Mann auf dem Stellwerk missverstand der Tanklastfahrer als Zeichen, doch noch fahren zu dürfen. Es waren vor allem Kinder, die im ersten Wagen einer vierteiligen Doppelstockeinheit saßen, auf dem Weg zu einem Ferienlager bei Thale. Die Katastrophe gilt nach Eschede als der schwerste Eisenbahnunfall in der deutschen Nachkriegsgeschichte.

Nicht nur die Doppelstockeinheit brannte völlig aus, auch das auf der Karte zu sehende alte Empfangsgebäude trug so schwere Schäden davon, dass es abgerissen werden musste. Als Ersatz entstand ein für DDR-Bahnhöfe typischer Flachbau, der inzwischen nicht mehr genutzt wird und vor sich hingammelt. Der Bahnhof Langenweddingen ist längst zum Haltepunkt degradiert worden.

Das Stellwerk, auf dem der diensthabende Fahrdienstleiter damals die falsche Entscheidung traf, fiel im Jahre 2007 dem Abrissbagger zum Opfer.

Auf der Strecke Magdeburg - Thale, an der die beiden Bahnhöfe dieser Doppelseite liegen, wurde über viele Jahre Bahnpost abgefertigt. Dieser Stempel ist das dem Jahr 1904. Ein paar Seiten weiter findet sich ein noch wesentlich älterer!

Hadmersleben.

Nach dem kleinen Abstecher in die Gegenrichtung folgen wir von Blumenberg weiter der Hauptbahn Magdeburg - Thale in Richtung Harz. Kurz vor Oschersleben erreichen wir den Bahnhof Hadmersleben, der - da er ein ganzes Stückchen außerhalb des Dorfes liegt - sogar eine eigene kleine Siedlung besitzt. Dessen Geschichte geht bis ins Jahr 961 zurück, als Bischof Bernhard von Halberstadt hier ein Kloster gründete.

Hadmersleben ist wie die meisten hier ein landwirtschaftlich geprägter Ort. Trotzdem gab es auch einige kleinere Industriebetriebe (unter anderem ebenfalls eine Zuckerfabrik), zu denen Anschlussgleise führten. Davon existiert keines mehr. Auch von den einst drei Bahnsteigen gibt es nur noch den Hausbahnsteig, denn der ehemals recht bedeutende Bahnhof ist ein kleiner Haltepunkt geworden, der nur noch zweistündlich von den Zügen des *HarzElbeExpress* angefahren wird. Das erste Gleis ging schon nach dem Zweiten Weltkrieg verloren, als es als Reparationsleistung in die Sowjetunion abtransportiert wurde.

Das ansehnliche Bahnhofsgebäude lässt sich in dieser Form bis auf Abbildungen aus den 1880-er Jahren nachweisen. Der heutige Zustand könnte jedoch kaum schlechter sein. Deshalb hat die Deutsche Bahn schon lange vor, es abzureißen, denn ein Nachnutzer, der sich der heruntergekommenen Räumlichkeiten annimmt, ließ sich nicht finden. Passiert ist bis dato jedoch noch nichts.

Die Karte ging am 28.3.1915 auf Reisen und erreichte einen Tag später seinen Bestimmungsort Steglitz. Es erstaunt immer wieder, wie das ohne Postleitzahlen so schnell gelang. Die gab es nämlich erst seit 1941.

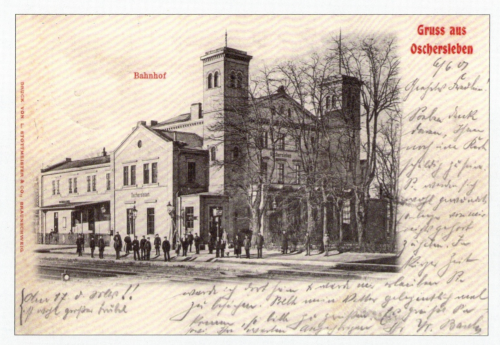

Oschersleben (Bode).

Oschersleben (Bode) war einst ein recht bedeutender Bahnknoten (der erste in der Magdeburger Börde überhaupt), konnte man von hier aus doch in vier verschiedene Richtungen reisen: Die Südseite des Keilbahnhofs, die das Foto oben zeigt (er besaß eine preußische und eine braunschweigische Seite, von denen jede einen eigenen Fahrkartenschalter und sogar einen eigenen Flaggenturm hatte, wie man gut erkennt), berührt die Strecke Magdeburg - Thale. Deren erster Abschnitt, Oschersleben - Halberstadt, war von der Magdeburg-Halberstädter Eisenbahngesellschaft (MHE) schon 1843 eröffnet worden, nur acht Jahre nach der ersten deutschen Eisenbahnlinie zwischen Nürnberg und Fürth. Damit gehört der Bahnhof zu den ältesten in Deutschland.

Am Bahnsteig der Nordseite hingegen, auf der Karte rechts zu sehen, hielten seit 1845 die Züge in Richtung Jerxheim und Braunschweig, die im Zuständigkeitsbereich der Braunschweigischen Staatseisenbahn lagen. Dieser Abschnitt war Teil einer bedeutenden Fernbahnlinie, die von Berlin nach Amsterdam und ins Ruhrgebiet führte.

Dass Oschersleben in so kurzer Zeit gleich an zwei Eisenbahnlinien angeschlossen wurde, war kein Zufall. Beide Strecken hatten sogar einen gemeinsamen offiziellen Baubeginn, der mit dem Tag der Grundsteinlegung für den Bahnhof Oschersleben zusammenfiel: Es war der 21. März 1842.

Das Herzogtum Braunschweig hatte zuvor großes Interesse an einer Eisenbahnverbindung zwischen Braunschweig und Magdeburg gezeigt, die zunächst angedachte Trasse über Helmstedt aber wegen der hohen

Ein sauberer Abschlag: Zug 3 aus Braunschweig kam auf der hier zu sehenden Seite des Bahnhofs in Oschersleben an. Während ihrer Bearbeitung hatte die Karte, die dieser Zug beförderte, unter anderem die Orte Wolfenbüttel, Mattierzoll und Jerxheim passiert.

Kosten verworfen. Die Variante über Oschersleben, die von dort aus die Strecke der MHE nutzte, schien dagegen eine lohnenswerte Alternative zu sein. Und so wurde sie umgesetzt. Beide Bahngesellschaften verständigten sich darauf, dass die Betriebsführung im Bahnhof Oschersleben bei der MHE liegen sollte.

Selbst wenn die neue Fernbahnstrecke vorrangig dem Durchgangsverkehr diente, profitierte auch Oschersleben davon. Viele Personen– und Güterzüge begannen oder endeten hier. Erst durch die aufkommende Konkurrenz weiterer Eisenbahnstrecken von Ost nach West verlor die Verbindung über Gunsleben an Bedeutung. Im Jahre 1899 schließlich erreichte auch die Bahnstrecke Oschersleben - Schöningen die Bodestadt *(siehe Ansichtskarte Hornhausen)*, die allerdings über ein eigenes kleines Empfangsgebäude direkt gegenüber dem „großen" Bahnhof (Nordseite) verfügte.

Die deutsche Teilung versetzte dem einst blühenden Bahnknoten Oschersleben einen schweren Schlag. Plötzlich waren die Strecken nach Westen nur noch unbedeutende Stichbahnen, endeten kurz vor der Grenze in Hötensleben bzw. Gunsleben. Nach der Wende waren sie leider schnell Stilllegungskandidaten.

Heute ist Oschersleben nur noch ein Haltepunkt zwischen Halberstadt und Magdeburg. Die Nordseite des Bahnhofs ist gleislos, das einst hübsche Empfangsgebäude steht leer.

Die Karten wurden 1901 und 1904 abgestempelt. Bis 1905 war die Vorderseite von Ansichtskarten (das war nicht die mit dem Bild!) übrigens nur für die Adresse reserviert, die dafür die ganze Kartenbreite nutzte; der Grußtext kam rückseitig neben das Bildmotiv. Reichte der Platz nicht, wurde gerne auch mal direkt auf das Foto geschrieben.

Hornhausen.

Diese frühe Aufnahme auf einer Mehrbildkarte zeigt Hornhausen, ein Unterwegsbahnhof an der Strecke Schöningen - Hötensleben - Oschersleben, die 1899 von der Oschersleben-Schöninger Eisenbahn-Gesellschaft (OSE) in Betrieb genommen wurde. Sie hatte stets nur eine regionale Bedeutung, warf jedoch zeitweise gute Gewinne ab. Nach der Teilung der Strecke durch die innerdeutsche Grenze 1945 fuhren die Züge von Oschersleben aus nur noch bis Hötensleben. In ihren letzten Betriebsjahren wurde dabei absichtlich auf Verschleiß gefahren, bis 1969 das Ende kam.

Hornhausen lag am Streckenkilometer 4,0 und war gleich die erste Station hinter Oschersleben. Das Empfangsgebäude wirkt gedrungen und hoch aufgeschossen; es ist eher untypisch für einen Bahnhof, jedoch typisch für diese Strecke: Ein baugleiches hätte man auch in Ottleben, Hötensleben oder Schöningen fotografieren können. Es beherbergte neben den Diensträumen auch einen Wartesaal und die Wohnungen für den Stationsverwalter und den Bahnhofswirt. Hornhausen hatte bescheidene Gleisanlagen, ein Bahnsteiggleis und ein Seitengleis, das in Richtung Hötensleben am Ende hinter der Weiche noch eine kombinierte Kopf- und Seitenrampe besaß.

Eher kurios lief die Stilllegung der Strecke ab: Am Abend des 21. Dezember 1969 blieb der letzte Zug aus Hötensleben kurz vor unserem Bahnhof Hornhausen in einer Schneewehe stecken. Seine Befreiung war kurzfristig unmöglich. Also brachte man die drei Reisenden einfach mit dem Auto nach Hornhausen und ließ den Zug bis zum nächsten Tauwetter Anfang Januar einfach stehen. Fortan fuhren Busse.

Ein Bahnpoststempel aus dem Jahre 1870! Der Brief, der ihn trägt, wurde in Krottorf (damals Crottorf) aufgegeben und ging nach Mattierzoll. Da der Stempel jedoch den Laufweg Thale - Magdeburg dokumentiert, hat er seinen Weg in Richtung Braunschweig wahrscheinlich nicht über die Kleinbahn Heudeber-Mattierzoll, sondern über Oschersleben genommen.

Nienhagen (b Halberstadt).

Das kleine Dörfchen Nienhagen verdankt seinen Eisenbahnanschluss eigentlich der Dickköpfigkeit des Großgrundbesitzers im Nachbarort Emersleben. Der weigerte sich nämlich, den Bau einer Bahnstation an der gerade entstehenden Strecke von Magdeburg nach Halberstadt auf seinem Grund zuzulassen. So bekam halt Nienhagen den Bahnhof, obwohl es eigentlich ungünstig lag - zu dicht an der Nachbarstation Krottorf gelegen, dafür war die Distanz nach Halberstadt um so größer.

Das war 1843. Knapp 50 Jahre später, nämlich 1890, gewann der Bahnhof an Bedeutung; die Strecke nach Jerxheim wurde eröffnet (*Huybahn* genannt) und stellte fortan die kürzeste Verbindung ins Braunschweigische dar. Sie zweigte am Nordkopf des Bahnhofs in einem großen Linksbogen von der Hauptstrecke ab. Nach dem Zweiten Weltkrieg wurde sie durch die deutsche Teilung hinter Dedeleben gekappt. Alle Bemühungen Ende der 1990-er Jahre, die vier Kilometer Gleislücke, die hier fehlten, wieder zu schließen, scheiterten.

1879 eröffnete eine Zuckerfabrik in Gröningen ihren Betrieb und baute ein Anschlussgleis bis nach Nienhagen, daraus entstand 1897 die Verbindung nach Aschersleben. Sie endete allerdings bis 1950 im Bahnhof Nienhagen Süd (ein paar Meter von seinem „großen Bruder" entfernt), der eine ungewöhnliche Nachnutzung erfahren hat: Seit 2010 beherbergt er ein Puppenmuseum.

1966 wurde der Personenverkehr nach Aschersleben aufgegeben. Obwohl vor Ort um den Erhalt der Huybahn gekämpft wurde, wurde auch sie 2001 offiziell stillgelegt. Heute ist Nienhagen wie vor 170 Jahren ein einfacher Unterwegshalt zwischen Halberstadt und Magdeburg.

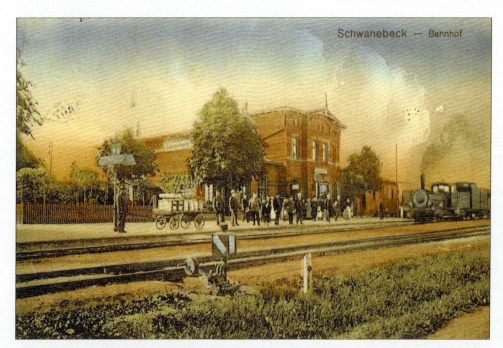

Schwanebeck.

So um 1925 kam jahrelang täglich ein Klavierspieler zum Bahnhof, um die ankommenden Fahrgäste mit seiner Musik zu begrüßen. Welch ein Service! Davon erzählen sich Leute, die es wissen müssen oder sogar noch selbst erlebt haben. Sie erzählen sich auch, dass Schwanebeck beim Bau der Nebenbahn Nienhagen - Jerxheim im Jahre 1890 natürlich einen Bahnhof bekam, nicht jedoch Büblingen, eine Siedlung am Rande der Stadt und bis 1829 sogar eine eigenständige Gemeinde. Manche Büblinger wollten den (gar nicht so weiten) Weg vom Bahnhof nach Hause nicht laufen und sprangen in einem rechten Moment - wenn die Fahrt etwas langsamer ging - vom Zug, was zuweilen mit schmerzhaften Beinbrüchen auf dem Acker endete. Die Eisenbahn fuhr hier nämlich fast ohne natürliche Hindernisse durch flaches, vom Feldbau geprägtes Land.

Schwanebeck war lange Zeit eine der wirtschaftlichen Säulen der Bahn, fand sich doch vor seinen Toren guter Kalkstein. Der wurde mit einer Feldbahn (600 mm Spurweite) zum hiesigen Zementwerk befördert, das wiederum ab 1907 mit einer zweiten 750 mm) die Fertigprodukte zum Bahnhof transportierte. Letztere ersetzte man 1951 durch ein regelspuriges Anschlussgleis, das leistungsfähiger war. Ebenso kam ein eigener Übergabebahnhof hinzu, um die vielen Güterwagen abstellen und rangieren zu können. Das zeigt, welchen Umfang der Schienenverkehr einst hatte.

Nach der Wende war damit schlagartig Schluss. 1992 stellte das Zementwerk seine Produktion ein. Die Strecke verlor seinen Hauptgüterverkehrskunden und der Bahnhof Schwanebeck seine wichtigste Aufgabe.

Die Huybahn von Jerxheim nach Nienhagen war genau 32,9 km lang, und somit bildet der Bahnhof Dingelstedt, am km 16,2 (von Jerxheim aus gemessen) so ziemlich exakt die Mitte dieser Bahnverbindung.

Sieht man sich deren Verlauf auf einer guten Streckenkarte an (der Ausschnitt aus dem DR-Kursbuch von 1951 ist dafür leider viel zu ungenau und zeigt außerdem schon den neuen Endpunkt Dedeleben nach der Trennung der Strecke infolge der deutschen Teilung), so fällt sofort auf, dass man bei einer optimalen Trassenplanung viele Kilometer hätte sparen können, handelt es sich doch um flaches Land ohne große Hindernisse für den Eisenbahnbau. Aber die Strecke beschreibt bei Badersleben einen 90-Grad-Winkel nach Osten in Richtung Anderbeck und Dingelstedt. Der Grund dafür ist schnell genannt: Die Huybahn war ursprünglich für den Güterverkehr gebaut worden, und da kam es vor allem darauf

Dingelstedt (b Halberstadt).

an, möglichst viele wirtschaftlich interessante Orte anzuschließen. Die Fahrzeit war eher zweitrangig.

Dingelstedt, ein altes Bauerndorf (vor allem Kirschen und Hackfrüchte) mit vielleicht 1300 Einwohnern, bekam genau wie alle anderen Orte entlang der Huybahn am 15. August 1890 seinen Bahnanschluss. Der Bahnhof, wie die meisten an der Strecke am Ortsrand gelegen, war ausgestattet mit zwei Bahnsteigen für den Personenverkehr und fünf Ladegleisen mit zwei Rampen für den Güterumschlag. Im Jahre 1974 baute die Deutsche Reichsbahn, als sie die Strecke sanierte, alle diese Gleise bis auf das Durchfahrtsgleis ab. Dingelstedt war fortan nur noch Haltepunkt. Heute ist das einstige Empfangsgebäude ein Wohnhaus; die Gleise verschwanden erst 2014.

Badersleben.

Badersleben besaß einst das Stadtrecht. Man tauschte es jedoch im 18. Jahrhundert gegen das Recht ein, eine Apotheke eröffnen zu dürfen. Ob das eine vorteilhafte Entscheidung war, mag jeder selbst ermessen. Sein Bahnhof liegt ebenfalls an der Huybahn Nienhagen - Jerxheim, doch der Name der Bahn lässt nicht auf die Geschwindigkeit schließen, mit der die Züge hier unterwegs waren. Ganz im Gegenteil. In den letzten Betriebsjahren gab es kilometerlange Langsamfahrstellen von teilweise 10 km/h, so verschlissen war der Oberbau. Der namensgebende Huy ist ein kleiner Höhenzug südlich der Bahnlinie, der heute vor allem durch das noch immer betriebene Kloster Huysburg bekannt ist.

Badersleben Bahnhof liegt in einer lang gezogenen Rechtskurve. Wie auf der Ansichtskarte sehr schön zu sehen ist, verfügte er über ein ansprechendes Empfangsgebäude in Ziegelbauweise, an das der Güterschuppen mit einer kombinierten Kopf-Seiten-Rampe angebaut war. Güteranschlüsse bestanden zu einer Zuckerfabrik und zur örtlichen Getreidewirtschaft. Heute ist er stilecht restauriert, bewohnt und als Motorradfahrer-Treff bewirtschaftet.

Die beiden jungen Damen im Vordergrund haben alle Mühe, gegen die kopfhoch montierte Weichenlaterne aufzutrumpfen. Wer genau hinschaut, dem fällt übrigens auf, dass es zwischen den Empfangsgebäuden der Bahnhöfe Schwanebeck und Badersleben äußerlich nur wenige Unterschiede gibt. Dies könnte man ebenso feststellen, vergliche man sie mit Eilenstedt, Dingelstedt oder Dedeleben, allesamt an der Huybahn gelegen. Solche Einheitsbauweise sparte viel Geld.

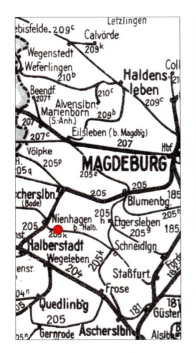

Ein seltenes Sammlerstück ist diese detailreich, aber nicht besonders realitätsnah nachcolorierte Abbildung des herrlichen Fachwerkbahnhofs Gröningen um 1910. Sie lässt sich zeitlich leider nicht mehr ganz exakt einordnen, da sie nicht verschickt worden ist.

Das weit über 1000 Jahre alte Städtchen Gröningen liegt am südlichen Rand der Magdeburger Börde, und zwar an der ehemaligen regelspurigen Bahnstrecke Aschersleben - Nienhagen, die von der Aschersleben-Schneidlingen-Nienhagener Eisenbahn AG (ASN) gebaut und 1897 eröffnet worden war. Sie hatte im Personenverkehr vor allem die Aufgabe, die Anschlüsse zum Staatsbahnnetz herzustellen. In Nienhagen erreichte man die Hauptbahn Thale - Magdeburg, in Aschersleben die Strecken Halle - Halberstadt und nach Köthen, während in Schneidlingen die Möglichkeit bestand, in die Nebenbahn Staßfurt - Blumenberg umzusteigen.

Gröningen.

Die Strecke selbst konnte allerdings nie eine überregionale Bedeutung erlangen. Zur Kleinbahnzeit wurden zum Beispiel alle Züge in Schneidlingen gebrochen. Reisende nach Aschersleben mussten umsteigen. 1950 kam sie - wie alle Privatbahnen in der DDR - zur Deutschen Reichsbahn, die in ihr jedoch keine große Zukunft sah.

Der Bahnhof besaß zuletzt neben seinem Haupt- und Umfahrgleis noch zwei Ladegleise. Obwohl Gröningen bereits im November 1965 seinen Personenverkehr verloren hatte, konnte man hier noch bis 1975 Fahrkarten kaufen und Gepäck aufgeben. Güterverkehr war noch bis in die 1990-er Jahre möglich.

Der Betrachter der Karte blickt übrigens in Richtung Schneidlingen.

Egeln.

Diese Passepartout-Karte (um 1920) zeigt den Bahnhof des Städtchens Egeln, das etwa auf halber Strecke zwischen Magdeburg und Halberstadt liegt, ihre Eisenbahnverbindung jedoch nicht berührt. Um sie zu erreichen, musste man in Egeln zunächst in den Zug nach Blumenberg steigen. Am anderen Streckenende liegt Staßfurt, auf das wir später noch zurückkommen werden.

Der kleine, aber schmucke Bahnhof hatte in seiner Blütezeit einen ansehnlichen Personenverkehr aufzuweisen. Noch bedeutender allerdings war der Güterverkehr, wurde doch ganz in der Nähe Braunkohle abgebaut und im Raum Staßfurt gewann man Kalisalz. Auch Zuckerfabriken mussten beliefert werden. So hatte die Strecke lange Zeit ihre Daseinsberechtigung. Nach der Wende allerdings brachen sowohl der Personen– als auch der Güterverkehr zusammen. Das Land Sachsen-Anhalt zählte die Fahrgäste und bestellte die Bedienung im Jahre 1999 zunächst im Abschnitt Egeln - Blumenberg ab, drei Jahre später auf der ganzen Strecke.

Durch die Verpachtung an ein privates Eisenbahnunternehmen konnte allerdings ihre vollständige Stilllegung und Entwidmung vermieden werden. Heute wird sie zum Abstellen von Güterwagen und für Bedienfahrten genutzt.

In Egeln jedoch hat sich 2007 ein Verein gegründet, dessen Ziel es ist, die Strecke zu erhalten und sie weitgehend wieder in ihren originalen Reichsbahnzustand zu DDR-Zeiten zu versetzen. Alljährlich im Mai wird zudem das Egelner Bahnhofsfest veranstaltet, das schon zur festen Tradition geworden ist und sich auch überregional wachsender Beliebtheit erfreut.

Wir fahren nun in Richtung Staßfurt - in den letzten Jahren dieser Verbindung geschah das in der Regel mit einer „Ferkeltaxe" der Baureihen 771/772 - und legen zunächst einen Zwischenstopp im kleinen Bahnhof Hecklingen ein.

Der Ort mit seinen heute knapp 3000 Einwohnern (lässt man einmal die Eingemeindungen verschiedener Siedlungen der Umgebung außer Acht) war um 1879, als er seinen Eisenbahnanschluss bekam, nicht mehr und nicht weniger als ein aufstrebendes Dorf mit ein paar mittelständischen Industrieansiedlungen. Es profitierte vornehmlich von der erblühenden Kali-Industrie im nahen Staßfurt. Da kam der Bahnanschluss gerade recht. Dafür verantwortlich war die hier schon öfter erwähnte Magdeburg-Halberstädter Eisenbahngesellschaft (MHE), die eigentlich eine Bahnlinie von Blumenberg über Staßfurt nach Erfurt bauen wollte. Daraus wurde nichts. Die Kon-

Hecklingen.

zession musste man zurückziehen, da Preußen die sogenannte Kanonenbahn von Güsten nach Sangerhausen lieber selbst bauen wollte. Und noch während der Fertigstellung der Reststrecke Blumenberg - Staßfurt wurde die MHE verstaatlicht.

Der Bahnhof trägt - völlig untypisch für die Region - eine Außenhaut aus dunklen Schieferplatten, damals wie heute. Die Deutsche Bahn hat das stark sanierungsbedürftige Gebäude inzwischen an Privat verkauft.

Die Karte zeigt hinter der unbekannten Länderbahnlok übrigens die alte Zuckerfabrik. Anfang 2014 ließ sich der letzte Eigentümer aus dem Grundbuch streichen - fortan gehörte sie niemandem mehr. Auch so etwas gibt es in Deutschland.

Staßfurt.

Um 1839 entschloss man sich in Staßfurt zu ersten Versuchsbohrungen nach Steinsalz. Die Ergebnisse waren positiv, die Gewinnung dieses Bodenschatzes begann schon wenige Jahre später. Durch einen reinen Zufall bemerkte man, dass bestimmte Salze, die man förderte, auch das Pflanzenwachstum begünstigten - so nahm auch die (weltweite) Kalisalzproduktion hier ihren Anfang. Für die Stadt war es ein Segen und ein Fluch zugleich, wie man inzwischen weiß. Große Teile Staßfurts gehören heute zum Senkungsgebiet ehemaliger Bergbaustätten. Viele Gebäude tragen Risse. Auch der sehenswerte Bahnhof auf der Ansichtskarte von 1901 ist ein Opfer des Bergbaus geworden. 1884 seiner Bestimmung übergeben (der erste genügte nicht mehr), wurde er 1977 wieder abgerissen. In den Kellerfundamenten waren Spannungsrisse sichtbar geworden. Ob das wirklich nötig gewesen ist, darüber streitet man heute noch in Staßfurt. Als Ersatz fungierte lange Jahre eine Art Baracke, die eigentlich rasch durch einen eher langweiligen Neubau ersetzt werden sollte. Dazu ist es jedoch nie gekommen. Das heutige Empfangsgebäude ist ein Backsteinbau, der durch den Umbau eines ehemaligen Nebengebäudes entstand.

Anfangs trug der Bahnhof übrigens noch den Zusatz *Leopoldshall*, weil er auf der Grenze zwischen beiden Orten lag, die heute längst verschmolzen sind.

Der Verfasser der Karte - er könnte wohl Hans geheißen haben - hat übrigens seinem „Nettchen" in Weimar ganz genau markiert, wo die Züge hinfuhren: Stieg man in den linken (also Richtung Norden), kam man nach Magdeburg, in der Gegenrichtung nach Erfurt.

Güsten.

Der (einstige) Inselbahnhof Güsten ist zweifellos einer derjenigen, von denen die meisten Ansichtskarten in Umlauf gebracht worden sind, was nicht weiter verwunderlich ist, denn Güsten hat eine lange Eisenbahnertradition. Deutlich weniger als die bekannte Magdeburger Seite wurde die hier zu sehende Berliner Seite gedruckt. Die kleine Stadt ist Knoten für gleich drei Bahnstrecken: Zunächst wurde die Verbindung Bernburg - Güsten - Aschersleben - Halberstadt eröffnet (1866), im selben Jahr auch der Abschnitt Staßfurt - Güsten und schließlich die Kanonenbahn Berlin - Güsten - Blankenheim (1879). Letztere wurde u.a. im Abschnitt Güsten - Calbe (Saale) West 2004 stillgelegt.

Die Eisenbahn brachte der Stadt zunächst aber einen bedeutenden Aufschwung. Schon um das Jahr 1900 waren bei der Bahn in Güsten über 200 Eisenbahner beschäftigt. In der Nähe des Bahnhofs war mit der Eröffnung der Kanonenbahn eine Lokwerkstatt mit einem zwölfständigen Ringlokschuppen entstanden, die mit den Jahren weiter wuchs und schließlich zu einem der wichtigsten Bahnbetriebswerke der Deutschen Reichsbahn der DDR wurde. Davon ist heute nichts mehr vorhanden. Das riesige Gelände nutzt ein Solarpark in der Größe von fast 15 Fußballfeldern. Der Bahnhof Güsten hat seinen östlichen Bereich (hier hielten die Züge der Kanonenbahn) verloren. Nun kann man auf dieser Seite in Busse des ÖPNV einsteigen.

Die abgebildete Karte wurde per Feldpost geschickt und trägt damit keine Briefmarke, weil Soldaten ihre Post portofrei verschicken konnten. Das Versandjahr ist nicht ganz klar, wahrscheinlich aber 1915.

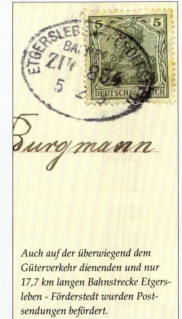

Auch auf der überwiegend dem Güterverkehr dienenden und nur 17,7 km langen Bahnstrecke Etgersleben - Förderstedt wurden Postsendungen befördert.

Förderstedt.

Von Güsten aus fahren wir nun in Richtung Magdeburg, also in nördlicher Richtung. Der schöne Bahnhof Förderstedt - heute seines einstigen Charmes leider vollends beraubt - liegt am nördlichen Ende des dazugehörigen Dorfes kurz hinter Staßfurt.

Förderstedt war ein Keilbahnhof. Die Hauptbahnstrecke sehen wir rechts vom Gebäude. An seiner linken Seite hingegen schwenkte bis 1993 - dem endgültigen Ende des Güterverkehrs - das Gleis aus Etgersleben ein, das nördlich des Bahnhofs in die Hauptstrecke mündete. Die Etgerslebener Bahn hatte eigentlich immer nur den Zweck, die Braunkohle aus den Unseburger Gruben abzufahren, die nur wenige Kilometer westlich Förderstedts liegen.

Auf dem Foto sieht man die Südansicht des Empfangsgebäudes. Davor befand sich der Bahnhofsvorplatz, über den die Reisenden die Station erreichten. Die mittlere Tür war der Eingang. Links davon befand sich das Büro des Dienstvorstehers, in der Mitte war der Fahrkartenschalter und rechts befand sich der Raum für den Wagendienst und die Aufsicht, den man allerdings von der Bahnsteigseite betrat.

Heute fahren von diesem Bahnhof keine Züge mehr ab. Nachdem man zunächst den Hausbahnsteig und alle anderen Gleise bis auf eines stillgelegt hatte, verlegte man den neuen Haltepunkt im Jahre 2012 vierhundert Meter näher an das Dorf.

Hätte der Absender nicht oben das Datum vermerkt, verrieten uns auch Stil und die Herstellungstechnik - hier wurde das Lichtdruckverfahren verwendet - das ungefähre Alter der Karte.

Schönebeck-Salzelmen.

Was da hinter dem ob seiner Architektur eher in den Alpen vermuteten Bahnhofsgebäude fast bedrohlich aufragt, ist ein Gradierwerk. Damit kann man den Salzgehalt von aus Solequellen gewonnenem Wasser erhöhen, indem man es durch Reisigbündel fließen lässt, die in solchen Holzgerüsten eingefasst sind. Die Elmener Anlage ist berühmt, denn sie war mit 1837 Metern einst die längte der Welt. Friedrich II. persönlich hatte 1756 veranlasst, dass sie gebaut wird.

Ansonsten dreht sich in Bad Salzelmen, das seit 1932 mit Schönebeck eine gemeinsame Stadt bildet, auch heute noch alles um das Salz. Rund um die Reste der alten Anlagen ist ein Kurzentrum entstanden.

Eisenbahntechnisch interessant ist der Ort aber dadurch, dass hier seit 1974 die Magdeburger S-Bahn aus dem nördlich von Magdeburg gelegenen Kaliort Zielitz (siehe Seite 12) endet. Damit mit Elektroloks gefahren werden konnte, war der Abschnitt vom Schönebecker Hauptbahnhof bis Salzelmen (3 km) extra noch schnell elektrifiziert worden. Die Bezeichnung S-Bahn ist allerdings etwas hochtrabend, denn dafür typische Merkmale besitzt die Strecke nicht. Sie hat nicht einmal einen eigenen Gleiskörper. Anfangs war sie noch als „Linie A" bezeichnet worden, doch den Plan, weitere Linien zu eröffnen (nach Burg, Haldensleben, Olvenstedt), ließ man aus Geldmangel irgendwann fallen.

Die Karte wurde 1902 gestempelt. Bad Elmen hieß der Ort allerdings schon seit 1894 nicht mehr. Trotzdem hielt sich diese Bezeichnung noch Jahrzehnte lang, wie spätere Ansichtskarten zeigen. Das Gleis nach links führt Richtung Staßfurt.

Schönebeck (Elbe).

Der Bahnhof brennt! Auch solche Ereignisse sind manchmal auf Ansichtskarten verewigt worden. Hier hat es den Dachstuhl des Schönebecker Empfangsgebäudes erwischt. Leider ist die Karte nie gelaufen, so dass eine zeitliche Eingrenzung nur ungefähr erfolgen kann. Um das Jahr 1925 mag es gewesen sein.

Bis die richtige Feuerwehr eingetroffen ist, haben die Männer vor Ort die Sache mutmaßlich schon mal in die Hand genommen, um noch Schlimmeres zu verhindern. Der Betrachter kann viel entdecken, wenn er sich die Zeit dafür nimmt. Eine lange Leiter ist aufgetrieben worden, der Wasserschlauch bereits verlegt und unten wird kräftig gepumpt. Ob die vielen Schaulustigen alles Reisende sind? Den Zugverkehr scheint der Brand wohl nicht weiter beeinträchtigt zu haben. Das preußische Formhauptsignal am rechten Bildrand zeigt dem Lokführer „Fahrt in ein abzweigendes Gleis". Der Zug fährt in südlicher Richtung; gleich hinter dem Bahnhofsgelände zweigt vom Hauptgleis nach Köthen und Halle (Saale) die Strecke nach Salzelmen und Güsten ab.

Es muss auch weniger hübsche Bahnhöfe geben, mag man beim Blick auf das Gebäude denken, dem irgendwie die Symmetrie abhanden gekommen zu sein scheint. Der weit herausragende Schornstein (heute übrigens verschwunden) unterstützt diesen Eindruck. Die schmucklos-graue Fassade hat sich bis in die Gegenwart gerettet. Jetzt bröckelt sie.

Vor dem Bahnhof fuhr übrigens viele Jahre auf Meterspur eine Dampfspeicherlok zum Gummiwerk Friedrich Wilop, Hamburg, später die VEB Gummiwerke „John Scheer". Nach der Wende schloss der Betrieb.

Magdeburg Hbf.

Magdeburg tat sich lange Zeit schwer mit einem Bahnanschluss, obwohl aus Leipzig recht eindringlich der Wunsch nach einer gemeinsamen Eisenbahnverbindung gesandt worden war. Im Jahre 1839 war es dann endlich soweit: Der erste Abschnitt der Magdeburg-Leipziger Eisenbahn (MLE) von Magdeburg bis Schönebeck (15 km) konnte in Betrieb genommen werden. Zwei Jahre später konstituierte sich die Magdeburg-Halberstädter Eisenbahn-Gesellschaft (MHE) und schließlich die Berlin-Potsdamer-Magdeburger Eisenbahn (BPME). Es war nun eine Frage der Zeit, dass sich die drei Eisenbahngesellschaften Gedanken über einen gemeinsamen Magdeburger „Centralbahnhof" machten, um Betriebsabläufe zu vereinfachen und das Reisen komfortabler zu gestalten. Die bestehenden Bahnhöfe der Stadt hatten inzwischen ihre Leistungsgrenze erreicht. Der neue wurde schließlich als Doppelbahnhof konzipiert, bestand damit noch aus zwei voneinander unabhängigen Bahnhofsanlagen. Der Westflügel wurde von der BPME betrieben und 1873 eingeweiht, ein Jahr später war der Ostflügel, den die MLE und MHE gemeinsam nutzten, fertig. (Drei Jahre später übernahm die MHE die MLE).

Auch zwei Empfangsgebäude gab es. Das von MLE und MHE - 1876 gebaut vom Magdeburger Architekten und späteren Stadtbaurat Otto Peters (1850-1927) - erfüllt bis heute seinen Zweck.

Das Empfangsgebäude der BPME hingegen (übergeben 1881) befand sich, wie die Karte um 1910 zeigt, zwischen beiden Hallen am heutigen Kölner Platz und wurde im Zweiten Weltkrieg zerstört. Später entstand an selber Stelle ein deutlich schlichterer Neubau.

Nördliches und östliches Harzvorland

Das noch flache bis sanfthügelige Vorland des berühmten Harzes - solche Höhenzüge wie Huy, Hakel und Fallstein ducken sich respektvoll in seinem Schatten - war von den Eisenbahngesellschaften wesentlich eher erschlossen worden als das raue, schwer bezwingbare und deshalb Respekt einflößende Mittelgebirge selbst, obwohl auch sein Umland vor der Reichsgründung im Jahre 1871 dafür keineswegs die allerbesten Bedingungen bot, allerdings aus einem anderen Grund: Preußen, Braunschweig, Hannover und Anhalt hatten sich das Gebirge aufgeteilt - solche Grenzen stellten für den Bahnbau mitunter recht hohe Hürden dar.

Nach dem Deutschen Krieg 1866 vereinfachte sich die Situation zwar etwas, weil Hannover nun zu Preußen gehörte, doch das grundsätzliche Problem vieler Grenzen blieb besonders im Nordharzvorland bestehen. So gab es schließlich eine Reihe von kleinen Bahngesellschaften, die jede für sich eine oft recht kurze Strecke betrieb. Eine Ausnahme bildete vielleicht die Magdeburg-Halberstädter Eisenbahn-Gesellschaft (MHE), der es gelungen war, nach und nach eine Nordtangente zu bauen, die von Halle (Saale) über Sandersleben und Halberstadt bis Vienenburg führte. Im Jahre 1871 war diese Verbindung fertig. Für die Anschlussstrecken nach Bad Harzburg (1841, die früheste den Harz berührende Bahnstrecke überhaupt) bzw. Goslar (1866) waren dann schon wieder die Braunschweigische bzw. Hannoversche Staatsbahn zuständig.

Die bunte Vielfalt der Bahngesellschaften hat sich auch in der Architektur der Bahnhöfe niedergeschlagen, wie die folgenden Karten zeigen werden.

Die östliche Abgrenzung des Harzvorlandes bestimmen Geologen oder Heimatkundler oft unterschiedlich - wir haben uns für die Gegend um Aschersleben entschieden.

Halberstadt.

Halberstadt trug einige Jahre den freilich inoffiziellen, dennoch wenig schmeichelhaften Titel „hässlichster Bahnhof Deutschlands". Wenn man sich die Karte oben anschaut, mag das schwer zu glauben sein.

Schon 1843 hatte die Stadt ihren Eisenbahnanschluss bekommen, die ersten Züge rollten nach Magdeburg. Doch wenn man es mit einem so aufstrebenden Verkehrsmittel, wie es die Eisenbahn damals war, zu tun hat, erfordert es Weitsicht. Die hatten die Erbauer des ersten Bahnhofs, der weiter westlich als der heutige lag, nicht. Schon zehn Jahre später merkte man, dass er zu klein wurde, und plante einen Neubau. Denn die Transportaufgaben stiegen ständig und weitere Strecken kamen nach Halberstadt. 1868 wurde der neue (und noch heutige) Bahnhof seiner Bestimmung übergeben.

Eine Zahl soll zeigen, welche Bedeutung Halberstadt in den nächsten Jahrzehnten als Eisenbahnknoten hatte: Im Jahr 1912 verkaufte man im Bahnhof unvorstellbare 1.133.779 Fahrkarten!

Im Zweiten Weltkrieg war die Stadt mit ihrem Eisenbahngelände Ziel alliierter Bomberverbände. Am 7. April stand auf Gleis 9 ein Munitionszug, beladen u.a. mit hochexplosiven Seeminen. Die Katastrophe nahm ihren Lauf, der Bahnhof wurde praktisch vollständig zerstört. Nach dem Krieg richtete man das Empfangsgebäude nur notdürftig her und verkleidete es schließlich mit einer silbergrauen Wellblechfassade. Es hat viel Zeit und eine Menge Überzeugungskraft gekostet, bis die Deutsche Bahn mit Unterstützung des Landes Mittel bereitstellte, um den Halberstädter Bahnhof endlich wieder ansehnlich zu machen. Das Ergebnis ist gelungen.

Heudeber-Danstedt.

Die prachtvolle Ansichtskarte oben, abgestempelt im Jahre 1911, erzählt eine interessante Geschichte, zeigt sie doch den Bahnhofsnamen mit einem doppelten „n", was zweifellos eine falsche Schreibung ist. Denn so schrieb sich offiziell weder das dazugehörige Dörfchen Danstedt noch der Bahnhof. Wie es zu diesem Fehler kam, lässt sich vermutlich nicht mehr klären. Vor Ort erzählt man sich, dass das falsche Schild noch bis in die 1970-er Jahre hinein im Kohlenschuppen des Bahnhofs gelegen haben soll. Belegt ist das aber nicht.

Die Station Heudeber-Danstedt hieß anfangs nur Heudeber, doch da der Bahnhof weit draußen liegt und es bis zum Ortskern von Heudeber nicht viel näher ist als bis nach Danstedt, schien der Doppelname wohl passend.

Heudeber-Danstedt war jahrzehntelang ein kleiner Bahnknoten, gingen von hier doch die Strecken in Richtung Halle - Halberstadt - Vienenburg (eröffnet 1869), Wernigerode - Bad Harzburg (1872) und Heudeber - Mattierzoll (1898) ab. Letztere hatte bis 1950 ihren Endpunkt etwas nordwestlich des „großen" Bahnhofs. Erst danach endeten die Züge (die nach 1945 zunächst nur noch bis Veltheim und ab 1961 nur noch bis Hessen fuhren) auf dessen Gleis 3.

Nach der Kappung der Bahnlinie Wasserleben - Börßum hinter dem Bahnhof Bühne infolge der Teilung Deutschlands fuhren auch die Züge bis Osterwieck ebenfalls schon ab Heudeber-Danstedt.

Zu seinen besten Zeiten verfügte der Bahnhof über 13 Gleise, was von der früheren Leistungsfähigkeit und Bedeutung der Station zeugt. In Heudeber-Danstedt wurden Nahgüterzüge gebildet und getrennt, es gab einige Anschlüsse von Güterkunden und einen bescheidenen Lokschuppen für eine Kleindiesellok, mit der die Rangierdienste verrichtet wurden.

Heute sind davon kaum mehr ein paar Spuren nachweisbar, der Hausbahnsteig ist seiner Funktion beraubt, ein neuer Mittelbahnsteig mit zwei Gleisen, aber ohne die schöne Bahnsteigüberdachung ist das einzige, was Heudeber-Danstedt noch zu einem Bahnhof macht. Immerhin ist er noch für Zugkreuzungen notwendig, sodass ihm die Degradierung zu einem bloßen Haltepunkt erspart geblieben ist.

Die Karte links zeigt reges Treiben auf dem Bahnhofsgelände. Die mit Schotterarbeiten beschäftigten Männer hat der Fotograf für seine Aufnahme auch gleich stramm stehen lassen. Die dicht belaubten Bäume auf dem Hausbahnsteig (damals durchaus üblich) und die blassrote Fassade (ob dies die Originalfarbe war, ist nicht überliefert, denn natürlich ist die Aufnahme nachcoloriert worden) verleihen dem Empfangsgebäude ein bisschen südländisches Flair.

Auch die rechte Karte, vermutlich um 1935 entstanden, verdient Aufmerksamkeit. In den Jahren davor hat sich der Bahnhof verändert. Die Bäume auf dem Hausbahnsteig sind verschwunden, die Ziegelfassade des Empfangsgebäudes zieren Kletterpflanzen, der Außenbahnsteig, der über einen Tunnel zu erreichen ist, hat eine Überdachung bekommen. Unten die gemütliche Bahnhofsgaststätte. Sie scheint nicht ganz und gar leer zu sein, denn am Hakenbrett hängt die Mütze eines Gastes.

Für die Anschrift des Bahnhofsnamens (nun in korrekter Schreibweise!), mit der Lupe gerade noch erkennbar, wurde schon die von dem Schriftgestalter Emil Meyer 1933 bis 1935 entwickelte scharfkantige Schriftart *Tannenberg* gewählt, die zur Zeit des Nationalsozialismus auf den deutschen Bahnhofsschildern eine große Verbreitung fand und sich in der DDR vereinzelt sogar bis zur Wende halten konnte.

Bahnhof Heudeber-Danstedt

Ilsenburg i. H. — Bahnhof

Ilsenburg.

Wenn man es verkürzt ausdrücken will, dann hat das Harzstädtchen Ilsenburg seinen Bahnanschluss einem Manne zu verdanken: dem Grafen Otto zu Stolberg-Wernigerode. Der wohnte auf Schloss Wernigerode, war Vizekanzler unter Otto von Bismarck und von dem Gedanken beseelt, seine bunte Fachwerkstadt an die Eisenbahn anzuschließen, die seit 1869 nur wenige Kilometer entfernt von Halberstadt über Heudeber-Danstedt und Wasserleben nach Vienenburg führte und den Harz südlich liegen ließ. Der Graf setzte seine politischen Verbindungen ein und schaffte es nach einigen Kämpfen tatsächlich, dass 1872 eine Stichbahn von Heudeber-Danstedt über Minsleben nach Wernigerode ihren Betrieb aufnahm. Zufrieden war er noch nicht, besaß er doch zwischen Wernigerode und Ilsenburg einige Ländereien und Betriebe, die unter den hohen Transportkosten ihrer Produkte zu leiden hatten. So erreichte die Eisenbahn im Jahre 1884 auch Ilsenburg, ein zauberhaftes Städtchen direkt am Fuße des Harzes.

Das Konzept ging bis heute auf. In Ilsenburg ist die Stahlindustrie mit gleich mehreren Unternehmen heimisch geworden und zugleich der größte Güterkunde der Bahn. In unmittelbarer Nähe zum Bahnhof produziert zum Beispiel eine Radsatzfabrik Lauf- und Treibradsätze für die verschiedensten Triebfahrzeug- und Waggonhersteller im In- und Ausland.

Die Ilsenburger Industrie gab schließlich auch den Ausschlag dafür, dass nach der politischen Wende der Lückenschluss in Richtung Niedersachsen nicht über Wasserleben, sondern über die deutlich längere Strecke Wernigerode - Ilsenburg - Stapelburg erfolgte.

Die Nebenbahn von Wasserleben nach Börßum - verewigt auf einem sauberen, jedoch nicht ganz vollständigen Bahnpoststempel aus dem Jahre 1941. Vier Jahre später wurde die Strecke getrennt. Auf dem Reststück von Börßum nach Hornburg, ganze 7 km lang, verkehrte bis zur Stilllegung 1978 ein MAN-Triebwagen der Hornburger Verkehrsbetriebe im Auftrag der Deutschen Bundesbahn.

Osterwieck.

Die im Jahre 1900 durch Hermann Bachstein gegründete Osterwieck-Wasserlebener Eisenbahngesellschaft (OWE) hatte zum Ziel, zwei Stichbahnen miteinander zu verknüpfen: Die Strecke Osterwieck - Wasserleben (die schon seit 1882 bestand und die hübsche Kleinstadt am Harz mit der wichtigen Bahnlinie Halle - Vienenburg verband) und die Strecke Hornburg - Börßum.

1905 kaufte die OWE letztere von der Stadt Hornburg. Sie war zwar nur 4 km lang, besaß aber einen Anschluss an die Hauptbahn Braunschweig - Vienenburg. 1908 gelang die Verbindung beider Linien, so dass nunmehr eine leistungsfähige und besonders für den Güterverkehr attraktive Strecke geschaffen war. Das zahlte sich aus: Innerhalb von zehn Jahren vervierfachte sich das Transportaufkommen. Ein Trend, der sich sogar noch fortsetzte. In der Blütezeit der Strecke zählte man auf seiner Gesamtlänge von 21 Kilometern stolze 12 Anschlussgleise.

Mit der Trennung der Linie zwischen Bühne-Rimbeck und Hornburg im Jahr 1945 ging dieser Vorteil allerdings für immer verloren.

1949 wurde das Reststück Wasserleben - Bühne der Deutschen Reichsbahn angegliedert. Nun verkehrten die Züge alle von Heudeber-Danstedt aus. 2002 verlor die OWE-Strecke, auf der die Züge zuletzt noch bis Osterwieck West fuhren, endgültig ihren Eisenbahnverkehr.

Dem Fotografen dieser Aufnahme fährt offensichtlich im Moment des Auslösens gerade eine Dampflok ins Bild. Auf der Karte (um 1930) sieht man nämlich rechts im Anschnitt Lok 32 der OWE, ein Dreikuppler der Arnold Jung Lokomotivfabrik in Kirchen (Sieg), der 1909 fabrikneu nach Osterwieck gekommen war.

Hessen (Kr Halberstadt).

Der 1. September 1898 war ein Donnerstag. An diesem Tag regnete es in Hessen (hier ist nicht das gleichnamige Bundesland gemeint, sondern ein kleiner Ort bei Osterwieck) in Strömen. Trotzdem zog es seine Einwohner in Scharen zum Bahnhof, denn an diesem Tag wurde der Personenverkehr auf der Kleinbahn Heudeber - Mattierzoll aufgenommen.

Der Regen versinnbildlichte, dass die Strecke anfangs eher unter keinem guten Stern stand. Der Bau hatte 600.000 Mark mehr gekostet als veranschlagt, außerdem galt die Bahn in seinem preußischen Teil nur als Kleinbahn, im braunschweigischen hingegen als Nebenbahn. Das bedeutete zum Beispiel, dass im Bahnhof Dardesheim nicht einmal Fernfahrkarten verkauft werden durften. Die Strecke betrieb die Aktiengesellschaft „Kleinbahn Heudeber - Mattierzoll", die gemeinsam vom Königreich Preußen, der Provinz Sachsen, der Bahnbaugesellschaft Lenz & Co. (die anfangs auch die Betriebsführung innehatte) und dem Kreis Halberstadt gegründet worden war. Sie sollte die Bahnstrecke Halle - Vienenburg in Heudeber-Danstedt mit dem Bahnhof Mattierzoll im Landkreis Wolfenbüttel verbinden. 30 Bahnbedienstete, drei Lokomotiven, drei Personen- und 20 Güterwagen wickelten den Verkehr auf der Strecke ab.

Hessen, das damals noch zum Herzogtum Braunschweig gehörte (später wurde der Bahnhof in *Hessen [Kr Wernigerode]* und *Hessen [Kr Halberstadt]* umgetauft), besaß ein repräsentatives Empfangsgebäude mit Lokschuppen und Ladestraße und war immer der betriebliche Mittelpunkt dieser normalspurigen, 21 km langen Bahnlinie. Die linke Karte ist 1914 gestempelt worden, die rech-

Dieser Bahnpoststempel wurde am 9. Juli 1914 in Zug 2 zwischen Heudeber und Mattierzoll geschlagen. In den ersten Jahren hieß der Bahnhof der Kleinbahn übrigens noch Heudeber Ost, später dann Heudeber-Danstedt KHM.

te stammt von Anfang der 1920-er Jahre. Schon jetzt sind kleine Veränderungen zu erkennen. Der Wartesaal trägt nun ein Eingangsschild, dafür ist die Wandlaterne auf der rechten Aufnahme bereits wieder verschwunden. Die Bahnsteiglaterne hingegen fehlt nicht, wie man bei oberflächlicher Betrachtung denken könnte, sie steht nämlich auf dem Inselbahnsteig und ist im Anschnitt gerade noch zu erkennen.

Was anfangs unsicher schien, entwickelte sich denn doch erfreulich weiter. In den 1920-er Jahren beförderte die Bahn beachtliche 120.000 Fahrgäste und etwa ebenso viele Tonnen Güter. Die Folgen des Zweiten Weltkriegs brachten allerdings auch Unheil für die KHM. Durch die deutsche Teilung wurde die Strecke noch 1945 zwischen Veltheim und Mattierzoll unterbrochen, der Endbahnhof gehörte fortan zum „Westen". Eigentlich hatte die Sowjetunion die Strecke nach dem Krieg als Reparationsleistung abbauen wollen, aber der schlechte Oberbauzustand und der Protest der betroffenen Landkreise konnten dies verhindern.

Der Personenverkehr hielt sich noch bis 1970. Am 31. Mai fuhr der letzte Zug nach Hessen. Doch es wurde ein Abschied auf Raten. Wegen ihrer strategischen Bedeutung für Militärtransporte im Krisenfall hielt man das Gleis noch lange Jahre nach der Stilllegung für eine mögliche Reaktivierung vor (bis hin zu einer überraschenden Streckenertüchtigung auf 20 t Achslast im Jahre 1976!), wozu es jedoch nie kam. Erst 1996 wurde die jetzt zum Streckenrangiergleis umgewandelte Trasse endgültig stillgelegt. Das Bahnhofsgebäude in Hessen, das noch immer den auf den Karten erkennbaren Schriftzug trägt, wird schon lange als Wohnhaus genutzt. Der Lok- und Triebwagenschuppen unmittelbar daneben (hinter dem Fotografen) sind verfallen.

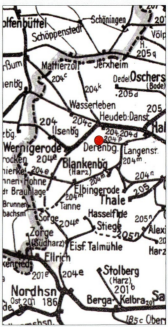

Derenburg.

Gewöhnlich versammelte sich, als die Fotografie noch eine umständliche Angelegenheit war, bei solch bedeutsamen Ereignissen wie der Anfertigung eines Lichtbilds die komplette (natürlich männliche) Bahnhofsbesatzung vor ihrem Empfangsgebäude, um streng und entschlossen und mit gezwirbeltem Bärtchen in die Linse zu blicken. Diesmal jedoch scheint sich die vollständige Schar junger Damen des kleines Städtchens Derenburg samt Kind und Kegel vor dem Bierausschank ihres Bahnhofs eingefunden zu haben. Da fällt die Handvoll Männer daneben (offensichtlich ebenfalls frohgestimmt) kaum auf.

Als diese Aufnahme entstand - es muss kurz nach der Jahrhundertwende gewesen sein, denn die Ansichtskarte wurde 1907 gestempelt - war die Welt für die Strecke Langenstein - Derenburg - Minsleben noch in Ordnung. 1880 als Stichstrecke aus Langenstein von der Halberstadt-Blankenburger Eisenbahn (HBE) eröffnet, war bald eine Verlängerung über Silstedt nach Minsleben ins Gespräch gekommen, wo Anschluss an die Strecke nach Wernigerode bestand.

Diese Verbindung (genau 6,5 km lang, wie am Bahnhofsgebäude über der Markise zu lesen ist) eröffnete die HBE im Jahre 1900. Leider mit recht wenig Erfolg. 21 Jahre später stellte man den Personenverkehr schon wieder ein; die Idee, Züge von Blankenburg bis Wernigerode durchzubinden, hatte sich als Flop erwiesen. Selbst Güterzüge fuhren bald nur noch in der Zeit der Rübenernte, was den Erhalt der Strecke in absehbarer Zeit nicht mehr rechtfertigte. Die Stichstrecke Langenstein - Derenburg hingegen konnte sich immerhin bis 1968 halten.

Bahnhof Wegeleben (Ostharz)

Einst gab es im Bahnhof Wegeleben ein Bahnhofsrestaurant, und das hatte unter Eisenbahnern genauso wie unter Reisenden einen fast schon legendären Ruf: Hier bekam man das mit Abstand beste Schnitzel mit Kartoffelsalat der näheren und ferneren Umgebung! Und so hatte man dort gut zu tun, wenn in Wegeleben ein Zug hielt, denn die wenigen Minuten Aufenthalt zum Umsteigen oder Weiterfahren nutzten die Leute oft und gerne, um sich eine Portion dieser wohlschmeckenden Speise zu organisieren. Selbst die Personale auf den Triebfahrzeugen - bis zum Ende des Dampfbetriebs in der DDR fuhren hier noch Dampfloks der Baureihe 50^{35} - taten es ihnen zuweilen gleich.

Wegeleben ist eine von der Landwirtschaft geprägte Kleinstadt, die ihren Bahnanschluss 1862 erhalten hatte, als die Strecke von Magdeburg nach Thale über Quedlinburg gebaut wurde. Der kürzeste Weg von Halberstadt

Wegeleben.

in Richtung Quedlinburg ist es freilich nicht unbedingt, wie ein Blick auf eine Landkarte schnell zeigt. Doch die längere Ostroute war topografisch einfacher und außerdem hatten die Bauern im Nachbardorf Harsleben ihren Boden für den Bau der Eisenbahn nicht hergeben wollen. So bekam eben Wegeleben einen Bahnhof, der allerdings am südlichen Zipfel des Ortes etwas abseits seinen Standort fand, für viele Einwohner Wegelebens nicht eben günstig gelegen. Seit 1865 zweigt von hier auch die Strecke in Richtung Aschersleben ab, die bis 1872 nach Halle (Saale) verlängert wurde.

Das Bahnhofsgebäude steht heute leer, der verbliebene Bahnsteig mit seinen zwei Gleisen zeigt sich im langweiligen Einheitsdesign der Deutschen Bahn AG.

Hedersleben Bahnhof

Hedersleben-Wedderstedt.

Auf der Denkmalliste des Landes Sachsen-Anhalt stehen zurzeit etwa 220 Bahnhöfe. Auch der Bahnhof Hedersleben-Wedderstedt ist dort verzeichnet. In der Beschreibung heißt es, das Gebäude sei ein „zweistöckiger Fachwerkbau aus dem Ende des 19. Jahrhunderts", der „Elemente aus Heimat- und Jugendstil" in sich vereine. Als Fassade finde sich „weißer Putz mit Sockelverkleidung aus rotbraunen Klinkern und Zierfachwerk von 1910".

Bereits im Jahre 1865 war der Abschnitt Wegeleben - Aschersleben der Bahnstrecke Halle (Saale) - Vienenburg in Betrieb genommen worden. Hedersleben-Wedderstedt, gleich die nächste Station hinter Wegeleben, bekam seinen Bahnhof allerdings erst 1878 - und zwar gegen Bezahlung von 10.000 Mark. Eine stolze Summe angesichts der Tatsache, dass das dazugehörige Empfangsgebäude nur sechs Jahre genutzt wurde, denn schon 1884 wurde ein neues gebaut. Weil auch dieses bald den gestiegenen Anforderungen an den Bahnverkehr nicht mehr genügte, errichtete man 1907 ein drittes (neben dem Ausbau der Gleisanlagen) - und das steht noch heute. Es ist aber anzunehmen, dass es sich dabei nicht um einen vollständigen Neubau, sondern eine Erweiterung des bestehenden Gebäudes handelte. Nicht nur sein asymmetrischer Grundriss und die gar nicht zueinander passen wollenden beiden Dachformen (Satteldach und Krüppelwalm) deuten darauf hin. 1991 ist es zum letzten Mal umfassend saniert worden. Heute ist Hedersleben-Wedderstedt ein einfacher eingleisiger Haltepunkt, der Bahnsteig wurde verlegt, seine die Überdachung abgerissen und das Empfangsgebäude verfällt.

Zug 541 am 14.7.1908 von Halberstadt nach Leipzig fuhr auch über Frose. Ziel der Beförderung der Karte mit dem Stempel oben war der interessante Sächsische Bahnhof in Gera. 1893 in Betrieb genommen, erfüllte er seine Funktion nach Ankunft dieser Karte nur noch vier Jahre und wurde dann durch den heutigen Südbahnhof ersetzt. Das Gebäude steht aber noch immer und ist eine heute Braumanufaktur mit Kulturclub.

Gruss vom Bahnhof Frose i. Anhalt

Frose.

Leopold IV. Friedrich war Herzog von Anhalt-Dessau und prinzipiell auch ein Freund der Eisenbahn. Wahrscheinlich war er aber ebenso ein ziemlicher Starrkopf und Machtmensch, denn er nötigte die aufstrebende Magdeburg-Halberstädter Eisenbahngesellschaft (MHE) gewissermaßen gegen jeden wirtschaftlichen Sachverstand, die Stichstrecke Frose - Ballenstedt zu bauen. Die MHE wollte von ihm nämlich die Konzession zum Bau einer Verbindung Wegeleben - Aschersleben - Bernburg, die er nur unter der Bedingung herausgab, dass von Frose der genannte Abzweig zu bauen sei. Der Grund dafür war einfach. In Ballenstedt besaß der Regent nämlich mit dem dortigen Schloss eine attraktive Sommerresidenz. Die wollte er bequem mit dem Zug erreichen können. Die lange Kutschfahrt war ihm zu anstrengend.
Die MHE hielt eigentlich von den Plänen nichts, weil sie natürlich befürchtete, dass eine solche Bahn ein wirtschaftlicher Flop werden würde, den die wenigen Fahrten der herzöglichen Familie kaum aufwogen. Zähneknirschend stimmte man aber zu.

Doch es kam noch schlimmer. Auch der eigentlich schlüssige Plan, den Ballenstedter Streckenast von Aschersleben her in einer Linkskurve abzweigen zu lassen und den Bahnhof Frose südwestlich des Ortes zu platzieren, fand beim eigensinnigen Herzog keine Gnade (allerdings auch nicht beim Königreich Preußen; Ballenstedt lag in einer Exklave des Dessauer Herzogs und war nur über preußisches Gebiet zu erreichen).

So mussten alle Züge aus Aschersleben 135 Jahre lang in Frose „Kopf machen". Und zurück natürlich auch. Wie viele nutzlose Kilometer mögen das gewesen sein!

Aschersleben.

Vom Bahnhof Aschersleben gibt es kaum Ansichtskarten, die die Gleisseite abbilden. Auch die vorliegende, beschrieben am 27.06.1902, zeigt die Straßenseite mit dem öffentlichen Nahverkehr der damaligen Zeit. Sie wurde noch am selben Tag abgestempelt, um nach Bad Göhren auf Rügen auf die Reise zu gehen. Ob der Schreiber auch wirklich mit dem Verlagsleiter, der die Ansichtskarte herausgegeben hat, identisch ist beziehungsweise mit ihm zu tun hat, muss offen bleiben, der Text verrät es jedenfalls nicht.

Ascherslebens Bahnhofsgeschichte beginnt 1866, als die Stadt von der Bahnlinie Bernburg - Halberstadt berührt wird. Das erste Bahnhofsgebäude hält ganze zwei Jahre - ein Wintersturm fegt den Holzbau hinweg. Das heutige Empfangsgebäude stammt von 1884, jedoch veränderte sich sein Aussehen im Laufe der Zeit noch mehrmals. Schon von 1906 sind Aufnahmen nachweisbar, auf denen links ein flacherer Anbau zu erkennen ist. Aber das ist nichts gegen den schlimmen Dachstuhlbrand von 1938, dem auch die prächtige Fassade zum Opfer fiel. Nach dem Wiederaufbau ist der Giebel über dem Eingangsportal mit seinen gefälligen Verzierungen verschwunden. Eine nüchtern-sachliche Architektur prägt heute das Gebäude, das vorbildlich saniert ist.

Die 1895 gegründete Aschersleben-Schneidlingen-Nienhagener Eisenbahn AG (ASN) hatte übrigens als eigenständige Bahngesellschaft auch ihren eigenen Bahnhof - gegenüber dem Bahnbetriebswerk Aschersleben Gbf befand sich *Aschersleben West* (ab 1938 *Aschersleben Nord*). Deshalb hieß der „große" Bahnhof auch in der Zeit von 1889 bis 1963 *Aschersleben Hbf*.

Meisdorf.

Nach dem Abstecher nach Aschersleben fahren wir nun von Frose in südlicher Richtung weiter, auf der Nebenbahn nach Quedlinburg. Die trug übrigens den Spitznamen *Balkan*. Warum, weiß auch vor Ort so richtig keiner. Alle Erklärungsversuche Einheimischer klingen nicht sehr überzeugend. Wegen der Russen, die in der Nähe stationiert waren? Oder der manchmal „schaukelnden" Züge aufgrund der Streckenführung, abgeleitet vom „Balkan-Express"?

Meisdorf ist eine hübsche kleine Ortschaft. Sie gehörte einst den Burgherren der nahe gelegenen Burg Falkenstein. Hier gibt es heute einen Golfplatz und ein nettes Schlosshotel. Dessen Gäste reisen allerdings nicht mit dem Zug an.

Die Bahnhofsstraße von Meisdorf ist lang. Das ist kein Vorteil, wenn man weiß, dass sie weit aus den Ort herausführt. Erst nach etwa zwei Kilometern Überlandstraße (von der Ortsmitte aus gemessen) hatte man die winzige Station erreicht. Dabei war Meisdorf einst ein richtiger Bahnhof, auch wenn das Foto auf der Ansichtskarte (abgestempelt 1909 und verschickt nach Charlottenburg) diesen Schluss nicht sofort nahelegt. Neben zwei durchgehenden Hauptgleisen und den dazugehörigen Bahnsteigen gab es auch noch vier Nebengleise für den lokalen Güterverkehr (Holz, einige landwirtschaftliche Produkte, Kohle).

Doch als Anfang der 1970-er Jahre die Strecke im Rahmen der Zentralen Oberbauerneuerung (ZOE) der Deutschen Reichsbahn umfassend saniert und verstärkt wurde (diese Maßnahme war dringend nötig geworden), baute man den Bahnhof Meisdorf zurück und verwandelte ihn in einen einfachen Haltepunkt. Die hier anfallenden Güter konnte man auch auf den Nachbarbahnhöfen verladen. Heute ist er völlig zugewachsen.

Am 13.6.1899 wurde dieser Stempel auf eine Reichspostkarte nach Bernburg geschlagen. Zug 931 beförderte sie.

Ballenstedt Ost.

Als die Bahnstrecke von Frose noch in Ballenstedt Schloss (dem späteren Ballenstedt West) endete, war der Stadtbahnhof, der ab 1922 Ballenstedt Ost hieß, der wichtigste Bahnhof der Strecke. Die Karte, gestempelt 1911, zeigt sehr schön das zweite Bahnhofsgebäude aus dem Jahr 1890 mit seinen beiden Bahnsteigen, dazu die relativ großzügigen Gleisanlagen mit dem Güterschuppen rechts und dem zweiständigen Lokschuppen im Hintergrund, vor dem bis Anfang der 1970-er Jahre eine Drehscheibe installiert war. Die gesamte Anlage macht einen gepflegten Eindruck. Der auf Gleis 1 eingefahrene Zug kommt aus Richtung Quedlinburg.

In Ballenstedt Ost fand die Deutsche Bahn auch den formalen Anlass dafür, den *Balkan* stillzulegen. Oder sollte man es lieber Vorwand nennen? Am 28. Juni 2003 wurde nämlich das Stellwerk des Bahnhofs durch Brandstiftung stark beschädigt. Versuche, es wieder instand zu setzen, wurden von der DB gar nicht erst in Erwägung gezogen. Stattdessen richtete man bis zur offiziellen Stilllegung am 31. Juli 2004 einen Schienenersatzverkehr ein.

Doch es sollte noch schlimmer kommen. In der Nacht zum 17. März 2012 brach im hölzernen Dachstuhl des inzwischen verwaisten Bahnhofsgebäudes (in ihm waren die Gepäckabfertigung, der Fahrkartenschalter, die Wartehalle, eine Gaststätte und im Obergeschoss Wohnräume untergebracht) ein Großbrand aus. Das Feuer nahm solche Ausmaße an, dass insgesamt acht Wehren aus Ballenstedt und den umliegenden Orten im Einsatz waren. Zu retten war jedoch nichts mehr.

Auch diesmal gingen die Ermittler von Brandstiftung als Ursache aus.

Nun erreichen wir den höchstgelegenen Bahnhof der Bahnstrecke Frose - Quedlinburg.

Die (eigentlich nicht korrekte) Anschrift auf dieser prächtigen Ansichtskarte verrät es: Ballenstedt West war früher (bis 1922) der Schlossbahnhof. Herzog Leopold IV. Friedrich von Anhalt-Dessau, den wir schon ein paar Seiten zuvor kennengelernt haben, hatte ihn für sein Sommerschloss bauen lassen.

Ballenstedt Schloss gehört damit zu der erlauchten Liste der Fürstenbahnhöfe. Diese hatten eigens für hochgestellte Persönlichkeiten, welche natürlich standesgemäß mit dem Salonwagen oder gar –zug anreisten, einen separaten Empfangsbereich mit direktem Zugang zum Bahnsteig. Der lag aus rein praktischen Erwägungen in der Regel an einem Ende des Empfangsgebäudes. So auch in Ballenstedt Schloss, wo der Anbau am Ostkopf des Bauwerks dafür verwendet wurde. Auf der Karte ist

Ballenstedt West.

er allerdings von den Bahnsteigbäumen verdeckt.

Die Gleisanlagen des Bahnhofs waren übrigens - ganz im Gegensatz zum Ballenstedter Ostbahnhof - bescheiden. Neben dem Streckengleis gab es noch ein Ausweichgleis, sonst nichts. Und selbst das hatte man in den letzten Betriebsjahren der Strecke abgebaut.

Legt man die Ansichtskarte neben ein aktuelles Foto des Bahnhofs, so fällt auf, dass er sich seit damals - die Karte wurde 1913 gestempelt - fast nicht verändert hat. Selbst das Vordach mit den verzierten Stützpfosten existiert noch in seiner ursprünglichen Ausführung. Er hätte es verdient, erhalten zu bleiben und saniert zu werden.

Die schon lange nicht mehr genutzte Trasse könnte nach jüngsten Plänen hingegen ein Radweg werden.

Gernrode (Harz) — Bahnhof und Osterfeld

Gernrode.

Gernrode besitzt eine sehenswerte Stiftskirche und - so sagt man - den größten Skattisch der Welt. Nur das Stadtrecht, das es seit 1539 innehatte, besitzt Gernrode nicht mehr. Im Zuge einer ungeliebten Verwaltungsreform wurde es zum 1. Januar 2014 endgültig Teil von Quedlinburg. Mit allem, was dazugehört. Immerhin darf Gernrode nach einem Beschluss des Quedlinburger Stadtrats wenigstens den Namen *Stadt* führen.

Im Jahre 1885 erhielt Gernrode einen Bahnhof - die Nebenbahn Frose - Quedlinburg berührte den Ort an seinem nördlichen Rand - der jedoch noch nicht den heutigen Ausmaßen, wie sie auch auf der Karte (etwa 1925 entstanden) zu sehen sind, entsprach. Zwei Jahre später kam nämlich die Selketalbahn nach Hasselfelde dazu, die hier ihre Einsatzstelle baute und gegenüber dem „großen" Bahnhof ein eigenes, allerdings wesentlich bescheideneres Empfangsgebäude errichtete. Bis 2006 war Gernrode Ausgangs– und Endpunkt der Selketalbahn. Seitdem kann man mit ihr sogar bis Quedlinburg fahren. Die Strecke Frose - Quedlinburg wurde im Jahre 2004 stillgelegt. Das schlossartige rote Backsteingebäude mit seiner aufwendigen Architektur, das unter Denkmalschutz steht, hat einen neuen Besitzer gefunden, der es bewohnt und schrittweise saniert. Schalterraum, Wartesaal und die Gepäckabfertigung sind noch weitgehend im Originalzustand erhalten. Ebenso das schöne Kleinpflaster auf dem überdachten Hausbahnsteig.

Oft haben Orte noch Jahrzehnte nach Stilllegung ihrer Bahnstrecke eine Bahnhofstraße. Hier ist es umgekehrt. Hier fahren noch Züge. Doch Gernrodes Bahnhofstraße heißt seit 2011 Otto-Franke-Straße.

Eines der schönsten Empfangsgebäude des *Balkans* ist zweifellos das von Bad Suderode. Und es lebt! Als einziger Unterwegsbahnhof der Strecke wird der Bahnhof heute noch regelmäßig von Personenzügen angefahren. Heute allerdings von der meterspurigen Selketalbahn, denn nach der Stilllegung der Strecke Frose - Quedlinburg im Jahr 2004 wurde der Abschnitt Gernrode - Quedlinburg mit Fördergeldern des Landes Sachsen-Anhalt auf die Schmalspur umgebaut und 2006 erneut eröffnet. Bad Suderode ist seitdem zwar nur noch ein Haltepunkt, aber immerhin! In Gernrode hingegen hat die Selketalbahn ihr eigenes Empfangsgebäude.

Als der Bahnhof im Jahr 1885 gebaut wurde, galt Suderode bereits als aufstrebendes Soleheilbad. Die Quelle des sogenannten Beringer Brunnens zählt noch immer zu den stärksten Calciumquellen Europas. Den Beinamen „Bad" führt der Ort trotzdem erst seit 1914.

Bad Suderode.

Das im klassisch-wilhelminischen Stil errichtete Bahnhofsgebäude mit dem schönen offenen Anbau auf seiner Ostseite (im Vordergrund), der viele Jahre zur Bewirtung der Reisenden genutzt wurde, hatte also schon seit seiner Anfangszeit die Aufgabe, die immer zahlreicher werdenden Badegäste zu empfangen. Mit ihren vielen Koffern und Taschen kamen sie hier fast täglich an, um sich in dem Villenort zu erholen.

Die Ansichtskarte oben ging übrigens an einen Herrn Hoffmann, seines Zeichens „Theater-Collecteure" in Dessau, und wurde am 22.8.1903 per Bahnpost befördert.

Das Bahnhofsgebäude ist vor ein paar Jahren auf einer Auktion für 50.500 Euro an einen privaten Käufer versteigert worden, der es auch nutzt und erhält.

Nord– und Ostharz

Es überrascht nicht, dass von Gebieten, die für den Tourismus bedeutsam sind, viel mehr Ansichtskarten existieren als von anderen, erst auf den zweiten Blick interessanten Landstrichen. Unzählige von Andenkenläden bedien(t)en in solchen Regionen das Bedürfnis der Touristen, ihren Mitmenschen von ihrem gelungenen Urlaub kundzutun. Das gilt auch für den Harz. Das nördlichste Mittelgebirge Deutschlands ist von einmaliger Schönheit, aber es kann auch ein raues, unwirtliches Gesicht haben. Vielleicht ziehen beide Seiten die zahlreichen Urlauber magisch an.

Dieser Tourismus war es auch, der von den Eisenbahngesellschaften als neue Einnahmequelle erkannt wurde. Die Strecke zum Brocken etwa wurde einzig aus diesen Gründen gebaut.

Die Eisenbahn hatte es dennoch zunächst schwer, den Harz zu erobern. Die Strecken baute man lieber um ihn herum, nur mit einer Schmalspurbahn gelang es schließlich, ihn zu queren. Die topografischen Besonderheiten sorgten dafür, dass hier auch Eisenbahngeschichte geschrieben wurde. Von Blankenburg nach Rübeland wurde wegen der teilweise enormen Steigungen eine Bahnstrecke mit einem gemischten Adhäsions– und Zahnradbetrieb nach dem System des Schweizer Eisenbahningenieurs Roman Abt gebaut, zweifellos eine Pionierleistung für die damalige Zeit.

Eine Zahnradbahn gibt es heute im Harz nicht mehr, aber manche der einstigen Bahnstrecken sind erhalten geblieben, auch wenn es nach der politischen Wende in der DDR einige Zeit nicht besonders gut aussah. So wurden zum Beispiel Pläne diskutiert, die Harzquer– und Selketalbahn stillzulegen und nur die Brockenstrecke zu erhalten. Gedankenspiele, die heute geradezu absurd anmuten. Zum Glück kam es anders.

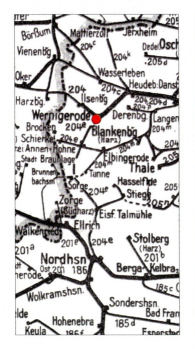

Wernigerode/Harz: Westerntor Bahnhof

Wernigerode Westerntor.

Es scheint Bahnhöfe zu geben, die sich nie verändern. Wer heute den Bahnübergang *Unter den Zindeln* im mehr denn je sehenswerten Harzstädtchen Wernigerode überquert, kann, wenn er nicht zunächst vor den Schranken warten muss, bis auf wenige Details exakt das gleiche Foto wie oben schießen. Das (auch von innen) herrliche Empfangsgebäude dieses Bahnhofs der Harzer Schmalspurbahnen (HSB), an dem unsere Harzreise beginnen soll, atmet noch immer die Zeit seiner Anfangsjahre. Sogar den schmiedeeisernen Bahnhofsnamen und die beiden geschnitzten Eulen mit dem Hinweis auf den Eingang im Vordergrund gibt es noch.
Eröffnet wurde er 1936, nachdem der ehemalige Haltepunkt Westerntor, der sich auf Höhe der heutigen Gaststätte *Eselskrug* befand, nicht mehr ausreichte und aufgegeben worden war. Wernigerode Westerntor ist heute einer der wichtigsten Bahnhöfe der HSB und zugleich der heute größte Schmalspurbahnhof Deutschlands. Hier steigen mindestens genau so viele Fahrgäste in die Züge Richtung Brocken und Nordhausen wie am nicht weit entfernten Wernigeröder Hauptbahnhof.
Selbst den Schlepptriebwagen T3 kann man heute noch gelegentlich an dieser Stelle fotografieren. (Der Ordnung halber soll erwähnt werden, dass auf dem Foto allerdings auch der baugleiche T2 zu sehen sein könnte, der längst verschrottet ist. Beide waren zum Datum der Aufnahme brandneu.)
Direkt hinter dem Bahnhofsgelände befindet sich übrigens das Bahnbetriebswerk der HSB, weshalb auf den umfangreichen Gleisen daneben und davor stets die verschiedensten Fahrzeuge abgestellt sind.

Ob der Stempel Nordhausen - Wernigerode schon mit der Eröffnung des ersten Abschnitts der Harzquerbahn im Jahre 1897 ausgegeben wurde, ist nicht mehr überliefert. In jedem Fall wurde er aber bis zum Zweiten Weltkrieg für beide Richtungen benutzt, erst dann gab es auch den Stempel Wernigerode - Nordhausen.

Drei Annen Hohne.

Graf Christian Friedrich zu Stolberg-Wernigerode, seit 1778 Regent der gleichnamigen Grafschaft, hatte eine Mutter, die Anna hieß. Das galt ebenso für seine Tochter und seine Nichte. Sie alle dürften die Namensgeberinnen der winzigen Ortschaft zwischen Wernigerode und Schierke sein, die nur eine Handvoll Häuser hat, aber alljährlich tausende Touristen begrüßt. Die meisten freilich nächtigen hier nicht, sondern stellen ihr Auto auf den nahen Parkplatz, um zu wandern, Ski zu laufen oder aber in einen der Züge der HSB zu steigen. Zumeist mit dem Ziel Brocken.

Wer sich tagsüber auf dem Bahnhof einfindet, braucht eigentlich nie lange zu warten, hier ist irgendwie immer Zugverkehr. Außerdem müssen die Lokomotiven auf dem Weg zum Brocken oder gelegentlich nach Nordhausen nach der anstrengenden Steigung hier ihre Wasservorräte auffüllen, was einige Zeit dauert. So gibt es immer viel zu sehen.

Nicht mehr erleben kann man allerdings die Szene auf der Ansichtskarte. Denn sie zeigt einen Zug der Halberstadt-Blankenburger Eisenbahn (HBE), der bereits bereitsteht, um sich wieder auf den Weg nach Elbingerode zu machen. Das schöne Gebäude, das ein paar Meter unterhalb der Harzquerbahn-Gleise lag, ist heute völlig verfallen, die Züge fahren schon seit 1965 nicht mehr, die Gleise sind abgebaut. Aber die Trasse ist noch immer vorhanden und wurde offiziell nie entwidmet. Und so regen sich gelegentlich Stimmen, die einen Wiederaufbau der Strecke fordern, um dem Tourismus im Harz weitere Impulse zu verleihen und auch die Rübelandbahn neu zu beleben. Es fehlt einzig am politischen Willen!

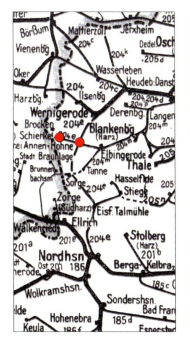

Schierke.

Der Bahnhof Schierke mit seinem harztypischen Empfangsgebäude (687 m über dem Meeresspiegel gelegen), das auch eine Gaststätte beherbergt, thront hoch über dem Ort und ist eingebettet in dichten Fichten- und Laubwald. Als die Station gebaut wurde, konnte man noch weit über die Gipfel des Harzes bis hinüber zum 971 m hohen Wurmberg blicken. Das geht heute nicht mehr. Doch wer hier nicht verweilen, sondern weiter Richtung Brocken will (gleichgültig, ob mit dem Zug oder auf einem der Wanderwege), dem wird sich dieser Ausblick bald bieten. Schierke ist heute eines der wichtigsten Touristenzentren des Harzes und liegt mitten im Nationalpark Hochharz. So gut wie jeder seiner Besucher kommt während seines Urlaubs auf den höchsten Berg von Deutschlands Nordhälfte. Wenn der Zug den Bahnhof auf der Bergfahrt verlässt, müssen die Loks Höchstleistung abliefern, was nicht nur an den oft überfüllten Waggons, sondern auch an der von hier ab stetig zu bewältigenden Steigung von 33 Promille liegt.

Der Bahnhof hat seit dem 20. Juni 1898 planmäßigen Zugverkehr; an diesem Tag wurde der Streckenabschnitt Drei Annen Hohne - Schierke durch die Nordhausen-Wernigeröder Eisenbahn (NWE) eröffnet. Zunächst allerdings endete hier die Fahrt, das Reststück zum Brocken ließ noch ein paar Monate auf sich warten. Und auch dann konnten die Züge zunächst nur in den Sommermonaten den beschwerlichen Weg nach oben antreten, denn ausreichend gute Schneeräumtechnik gab es noch nicht.

Auf der schönen Ansichtskarte ist ein Zug in Richtung Wernigerode zu sehen. Bergwärts fahren die Loks mit der Rauchkammer voran.

Bahnhof und Hôtel auf dem Brocken. Gruss aus dem Harz

Brocken.

1142 m über Meeresspiegel ist nicht eben besonders hoch, könnte man meinen. In den Alpen sind Gipfel solcher Dimensionen oft noch in einem geschlossenen Waldgebiet versteckt und nicht weiter erwähnenswert. Auf dem Brocken hingegen wachsen keine Bäume mehr, zu rau ist das Klima, als dass sie sich hier halten könnten. Abgesehen von ein paar anspruchslosen Bodendeckern hat sich die Vegetation vollständig von hier oben zurückgezogen.
Trotzdem zog der Berg schon immer die Menschen an. Wahrscheinlich wurde er bereits um 1460 zum ersten Mal bestiegen. Seit 1898 kann man das auch mit der Bahn, doch um ihn zu bezwingen, musste schon eine ausgeklügelte Streckenführung her, die kurz vor dem Ziel in der imposanten Brockenspirale mündet, in der die Züge den Gipfel eineinhalb Mal umrunden, um auf diese Art und Weise geschickt an Höhe zu gewinnen. Allerdings war auch das lange nur im Sommerhalbjahr möglich. Erst mit den Deutschen Wintersportmeisterschaften 1950 in Schierke fuhren die Züge ganzjährig hinauf.
Der Mauerbau ließ den Brockenbahnhof verwaisen. Nur selten kamen noch ausschließlich Transportzüge für die NVA oder Sowjetarmee auf den Gipfel. Erst ab 1991 ändert sich das wieder.
Die rechte Karte zeigt das 1924 eingeweihte neue Empfangsgebäude, das sich noch heute in fast unveränderter Form den Brockenbesuchern präsentiert. Es liegt mit 1125 Metern über Meer ein Stückchen unterhalb des Gipfels, ist aber dennoch der höchste Bahnhof Deutschlands, der mit einer reinen Adhäsionsbahn erreicht wird.
Anfangs hatten hier schon zwei hölzerne Empfangsge-

Bahnpoststempel von der Brockenstrecke wurden von 1899 mit ihrer Eröffnung bis 1938 verwendet. Danach ist der Bahnpostverkehr zum Gipfel aus Kostengründen eingestellt worden. Dieser hier ist vom 23.8.1904. Äußerst selten sind Stempel mit der Inschrift Wernigerode - Schierke, denn sie wurden nur ein paar Monate des Jahres 1898 benutzt, als der Abschnitt zum Brocken noch nicht fertig war.

bäude gestanden. Doch sie hielten nicht lange. Das erste, das mit der Eröffnung des Bahnhofs niveaugleich zum Gleis gebaut worden, leistete den oft widrigen Witterungsbedingungen gerade einmal fünf Jahre Widerstand, dann flog es bei einem Sturm buchstäblich davon. Auch dem zweiten (auf der linken Karte zu sehen) setzte das raue Klima schnell zu, so dass die Bausubstanz litt und man sich man sich für ein Gebäude aus Granit entschied, das von einem Görlitzer Architekten entworfen wurde.

Die ausgewählten Ansichtskarten dokumentieren zwei interessante Lokomotivbaureihen. Links sieht man die NWE 22, 1901 gebaut. Sie ist eine von insgesamt 12 gelenkigen Mallet-Maschinen, die die NWE von 1897 bis 1901 angeschafft hatte.

Hinter der NWE 52 hingegen verbirgt sich die später bei der Deutschen Reichsbahn-Gesellschaft laufende 99 6012. Es ist ebenfalls eine Lok der Bauart Mallet, allerdings eine deutlich schwerere Ausführung, die die NWE eigens für den Brockenverkehr beschafft hatte. In den Jahren des Ersten Weltkriegs war nämlich deren Fahrzeugpark ziemlich in Mitleidenschaft gezogen worden. Mehrere Loks hatte man konfisziert, andere befanden sich in einem schlechten Wartungszustand. So bestellte die NWE Anfang der 1920-er Jahre bei den Borsig-Werken in Berlin zwei starke Ersatzmaschinen für die Brockenstrecke, die 1922 (NWE 51) und 1924 ausgeliefert wurden. Nach anfänglichen Problemen und einigen Umbauten vor allem an der NWE 51 bewährten sie sich hervorragend und wurden fast nur im Brockenverkehr eingesetzt. Den Winter nutzte man, um Reparaturen auszuführen.

Als die Deutsche Reichsbahn die Strecke 1949 übernahm, waren die beiden Mallets noch im Bestand und wurden erst 1956 ausgemustert. Leider blieb keine der Loks erhalten.

Goetheweg.

Auf dem Rückweg vom Brocken machen wir noch kurz Halt am Goetheweg. Der Herr im schwarzen Mantel scheint wirklich gerade in einem Buch des Namensgebers dieser kleinen Bahnstation mitten im Wald zu lesen. Goetheweg lag und liegt noch immer zwischen Schierke und Brocken. Nur heute kann man dieses herrliche hölzerne Empfangsgebäude nicht mehr bewundern. Schon 1922 wurde es abgerissen und durch zwei massive Gebäude ersetzt. Allerdings sind auch diese am Ende des Zweiten Weltkriegs zerstört (die Strecke war Ziel mehrerer Bombenangriffe) und nie wieder aufgebaut worden. Goetheweg ist ein ganz besonderer Bahnhof, von denen es wahrlich nicht viele gibt. Er diente früher vor allem und dient heute ausschließlich Zugkreuzungen. Aus- und einsteigen kann man hier nämlich nicht mehr, auch um die wertvolle Flora und Fauna zu schützen. Die Strecke von Schierke zum Brocken ist - besonders für die bergfahrenden Züge - eine anspruchsvolle Angelegenheit und dauert recht lange. Um den Besucheransturm besser bewältigen zu können, baute man unterwegs ein Rückdrückgleis - auf dem Bild nach links abgehend schön zu sehen. So war es möglich, Züge kreuzen zu lassen, obwohl nur eine Weiche vorhanden war. Der zuerst ankommende Zug (in der Regel der aus Schierke) wurde auf das Rückdrückgleis geschoben, das nicht die starke Steigung des Hauptgleises hatte. Dadurch konnten die Züge leichter wieder anfahren. Auch heute noch wird diese Möglichkeit im Sommerhalbjahr genutzt.
Die Karte ist 1915 gestempelt worden. Zu diesem Zeitpunkt existierte diese ungewöhnliche Bahnstation genau 15 Jahre.

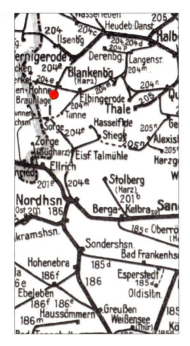

Elend.

Fährt man vom Bahnhof Drei Annen Hohne, aus Richtung Wernigerode kommend, nicht auf den Brocken, sondern weiter mit der Harzquerbahn (was auch heute noch mit einer Mallet-Maschine wie auf der Abbildung gelegentlich möglich ist) in Richtung Eisfelder Talmühle und Nordhausen, erreicht man schon eine Station später den Harzort Elend. Der merkwürdig anmutende Name des Ortes soll nicht etwa auf die besondere Bedürftigkeit seiner Einwohner hinweisen, sondern stammt aus dem Lateinischen und bedeutet soviel wie „fremdes Land". Mönche hatten ihn einst mitgebracht.

Diese Ansichtskarte zeigt den Zustand um 1920. Die Einfahrt des Zuges erzeugt reges Treiben auf dem Bahnsteig. Das in einem regionaltypischen Baustil errichtete Empfangsgebäude enthielt im Obergeschoss auch einige Dienstwohnungen für die Unterbringung des Schierker Personals im Winter, wenn der Verkehr zum Brocken ruhte. Die damals vorhandenen vier Gleise für den Güterumschlag zeugen von seiner einstigen Bedeutung. Heute ist Elend eine unbesetzte Haltestelle der HSB.

Im Erdgeschoss gab es neben den Diensträumen auch eine schöne Gaststätte. Zuletzt konnte man sich hier - in einem mit vielen Eisenbahnutensilien an den Wänden ausgestatteten Schankraum - seine Getränke auf den Güterwaggons einer Modellbahnanlage bringen lassen, die auf Tischhöhe an den Gästen vorbeifuhr. Leider hat die Gaststätte inzwischen geschlossen.

Das Bahnhofsgebäude selbst besitzt noch immer seine Holzverkleidung im Obergeschoss, hat aber im Laufe der Zeit auf beiden Seiten ein paar großzügige Anbauten erhalten, die sein Gesicht etwas veränderten.

Luftkurort Stiege im Harz — Bahnhof

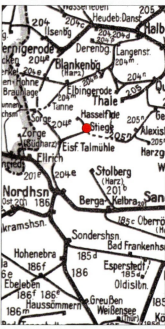

Stiege.

Um nach Stiege zu gelangen, müssen wir in Eisfelder Talmühle Kopf machen. Eine Station, die einem Band über die Bahnhöfe Thüringens vorbehalten bleiben muss, doch schon in Birkenmoor sind wir wieder auf sachsen-anhaltischem Boden. Auf diesem Streckenabschnitt befahren wir bereits die Gleise der Gernrode-Harzgeroder Eisenbahn (GHE), heute als Selketalbahn bekannt.

Stiege ist Trennungsbahnhof; von hier kann man weiter nach Hasselfelde fahren oder in östlicher Richtung nach Alexisbad und Gernrode. Der Kartenausschnitt oben zeigt diesen Teil der Strecke allerdings gestrichelt, was damit zu erklären ist, dass die Gleise zwischen Stiege und Straßberg über viele Jahre abgebaut waren - eine Folge des verlorenen Krieges und der damit verbundenen Reparationsleistungen an die Sowjetunion. Erst seit 1984 kann die Selketalbahn wieder auf ihrem gesamten Streckennetz befahren werden.

Seit diesem Zeitpunkt besitzt der Bahnhof auch eine Besonderheit, die Eisenbahnfreunde magisch anzieht: die kleinste Wendeschleife für den Zugverkehr in ganz Europa. Sie war gebaut worden, damit Güterzüge von Nordhausen nach Silberhütte, die dort ein neues Kohleheizkraftwerk zu versorgen hatten, ohne aufwendige Rangierarbeiten den Bahnhof Stiege passieren konnten. Damit war natürlich auch der Personenverkehr vereinfacht worden.

Die Ansichtskarte ist etwa 1920 entstanden. Sie zeigt einen gemischten Personen– und Güterzug auf dem Weg nach Hasselfelde. Das Empfangsgebäude ist in der Zeit seines Bestehens immer mal wieder umgebaut worden, sieht jedoch dem heutigen Zustand noch sehr ähnlich.

Harzgerode/Harz. Bahnhof mit Schloß

Harzgerode.

Der Bahnhof Harzgerode, auf einer Hochebene gelegen, gehört ebenfalls zur Selketalbahn (der von allen Harzer Schmalspurbahnen zuerst gebauten) und ist zugleich Endbahnhof eines kurzen Streckenasts von Alexisbad. Auf nur knapp 3 km überwinden die Züge hier einen Höhenunterschied von 75 Metern.

1887 hatte sich die Gernrode-Harzgeroder Eisenbahn-Gesellschaft gegründet, um den Unterharz meterspurig zu erschließen. Der Bahnhof wurde mit der Eröffnung des Abschnitts Alexisbad - Harzgerode am 1. Juli 1888 eingeweiht.

Obwohl diese Ansichtskarte leider undatiert ist, lässt sich die Abbildung eindeutig den Anfangsjahren der Bahn zuordnen - sie dürfte etwa um 1900 entstanden sein; die auffällige Dachform des gaubenartigen Frontvorsprungs ist nur auf frühen Aufnahmen nachweisbar. Aus unbekannten Gründen wurde sie schnell wieder entfernt und durch ein flach abfallendes Schleppdach ersetzt, das noch heute existiert, aber bei weitem nicht so gefällig wirkt.

Für die Güterabfertigung verfügte der Bahnhof Harzgerode über eine feste Laderampe. Anfangs besaß er außerdem sogar noch eine Drehscheibe. Hier drehte allerdings vor allem der Schneepflug. Auch sie verschwand schon etwa 1905. Bis 1996 war der Bahnhof noch mit einem Stationsvorsteher besetzt, bei dem man Fahrkarten kaufen und Gepäck aufgeben konnte. Heute fahren meist Triebwagen den Bahnhof an; es genügen für die Abwicklung des Verkehrs ein Bahnsteiggleis und ein Überholgleis, außerdem ist noch ein Ladegleis zum Güterschuppen vorhanden.

Gruß von Bahnhof Alexisbad.

Alexisbad.

Der Bahnhof Alexisbad, im Tal der Selke liegend und auf allen Seiten von Wald umgeben, gilt als der betriebliche Mittelpunkt der Selketalbahn, obwohl er heute unbesetzt und verschlossen ist. Seit 2004 besitzt die Station Rückfallweichen, die den Betrieb effektiver gestalten. Hinter dem Bahnhof teilt sich die Strecke aus Gernrode, einer der Äste führt hinauf nach Harzgerode, der andere weiter nach Straßberg, Güntersberge, Stiege und Hasselfelde. Doch beide Gleise laufen zunächst ein paar hundert Meter parallel, weshalb man hier lange Jahre planmäßig und heute noch bei einigen Sonderfahrten eine Doppelausfahrt bewundern kann, die so spektakulär und schön ist, dass sie in keinem Buch oder Film über den Eisenbahnverkehr im Harz fehlt.

Was allerdings auf dem Bahnhof heute fehlt, ist das Leben. Zugegeben, der dazugehörige Ort zählt nicht einmal 50 Einwohner. Er kann den Bahnhof also nicht beseelen. Doch die vielen Touristen, die das Selketal besuchen und meist mit dem Auto kommen, fahren, wenn nicht zufällig gerade ein Zug angekommen ist, an einem verlassenen Empfangsgebäude vorbei, was wenig motiviert, anzuhalten, das Auto abzustellen und in einen Zug zu steigen. Wenn man beim Bahnhofswirt zuvor noch schnell ein Bierchen oder einen Kaffee trinken könnte, wäre die anfallende Wartezeit auch im Nu vorbei. Denn im Selketal ist der Weg das Ziel (ganz anders als auf der Brockenbahn), und der sollte doch möglichst nicht mit dem Auto, sondern mit der Schmalspurbahn zurückgelegt werden. Die Karte vermittelt uns einen Eindruck vom Bahnhofsleben aus besseren Tagen. Hier wurden die Weichen noch per Hand gestellt.

Auf der Selketalbahn existierte einst ein recht umfangreicher Bahnpostverkehr. Gernrode - Eisfelder Talmühle war der längste Lauf, der möglich war.

Mägdesprung.

Wahrscheinlich ist es noch ein Weilchen Zeit, bis der Zug eintreffen wird, denn sonst wären wohl deutlich mehr als nur der eine Fahrgast anwesend, der an diesem sonnigen Tag ein wenig Schatten unter den Bäumen sucht.

Sieht man einmal von dem jetzt fehlenden Güterschuppen am rechten Bildrand ab (er wurde 2012 abgerissen), hat sich der interessante Bahnhof Mägdesprung bis heute praktisch nicht verändert, auch wenn die Bahnhofsgaststätte „Zur Selketalbahn" in dem kleinen Pavillonanbau seit ein paar Jahren leider nicht mehr bewirtschaftet wird.

Bei Eröffnung der Strecke im Jahre 1887 war Mägdesprung, 295 Meter über dem Meeresspiegel gelegen, sogar eine Zeitlang Endbahnhof, denn der nächste Streckenabschnitt bis Alexisbad wurde erst ein Jahr später fertiggestellt. Bereits 1885 war jedoch das Empfangsgebäude, das unter Denkmalschutz steht, gebaut worden.

Bemerkenswert ist die etwas von den Gleisen abgewandte Position des Gebäudes.

Seit 1968 ist der Bahnhof unbesetzt, obwohl hier noch regelmäßig Zugkreuzungen stattfinden. Rückfallweichen ersetzen das Personal. Einst besaß er noch ein Gleis für Zugteilungen, um die Rampe bei Sternhaus-Ramberg zu meistern, doch das ist heute nicht mehr nötig.

Der für einen Ort und Bahnhof schöne Name Mägdesprung leitet sich übrigens aus der gleichnamigen Sage ab. Ein Riesenfräulein zögerte beim Sprung über das Selketal, was einen Holzbauern dazu verleitete, sie deshalb zu verhöhnen. Um ihm eine Lektion zu erteilen, nahm sie ihn mitsamt seinem Pferdefuhrwerk mit auf den Sprung.

Quedlinburg.

In Quedlinburg verlassen wir die Meterspur der HSB, auf der die Selketalbahn seit 2006 den Bahnhof erreicht. Dafür nutzt man nach einer Umspurung ein Reststück der Nebenbahn nach Frose (sie wurde schon im vorigen Kapitel vorgestellt), so dass Quedlinburg heute planmäßig Dampfzüge anfahren. Realisiert wurde dieses Projekt, nachdem die HSB das Teilstück von der Deutschen Bahn erworben hatte.

Die Weltkulturerbestadt mit ihrem international bekannten Fachwerkensemble liegt außerdem an der ehemaligen Hauptbahn Magdeburg - Halberstadt - Thale. Von hier ging auch eine Nebenbahn nach Blankenburg (Spitzname *Quäke* - siehe dazu die Karten auf den nächsten Seiten) ab. Letztere besaß einen eigenen Bahnsteig 1 West und hat fast keine Spuren im heutigen Stadtgebiet hinterlassen. Allerdings existierte noch bis 1993 ein Anschluss an die Quedlinburger Waggonfabrik (später RAW), in dem die auf den Gleisen seltenen, aber bei Modelleisenbahnern beliebten Säuretopfwagen hergestellt und gewartet wurden. Diese trugen bis zu 14 große Behälter aus Steingut, da selbst stärkste Säuren diesem Material bekanntlich nichts anhaben können.

Das ansehnliche neogotische Sandsteingebäude, das die Ansichtskarte zeigt, stammt aus dem Jahre 1862, dem Eröffnungsjahr der Hauptstrecke, und ist bis heute äußerlich nahezu unverändert erhalten. Nur ein kleiner, flacher Anbau auf der linken Seite des Gebäudes (Richtung Halberstadt) wurde erst in den 1920-er Jahren angefügt, weshalb er auf dieser Karte aus dem Jahr 1898 fehlt. Das Objekt steht unter Denkmalschutz und wurde 2014 von der Stadt verkauft.

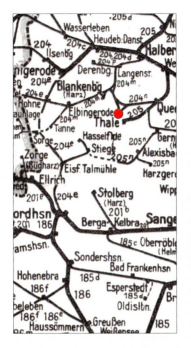

Thale am Harz, Bahnhof Bodetal.

Thale Bodetal.

Wie eben beschrieben, konnte man einst mit dem Zug von Quedlinburg auf der Kursbuchstrecke 204n am Harzrand in Richtung Blankenburg fahren. Heute müsste man für dieses Ziel einen großen Umweg über Halberstadt in Kauf nehmen.

Der interessanteste Unterwegshalt auf der *Quäke* war sicherlich Thale Bodetal, so ungefähr auf halber Strecke zwischen beiden Endpunkten gelegen. Er war - dicht an die steilen Berghänge des Harzes geschmiegt - als Kopfbahnhof ausgeführt. Der Bahnhof Thale Personenbahnhof (später hieß er zur besseren Unterscheidung Hauptbahnhof) lag nur 300 Meter entfernt. Eine Gleisverbindung gab es jedoch nicht.

Die in den Jahren 1907/08 eröffnete Strecke hatte besonders für den Güterverkehr über viele Jahre eine erhebliche Bedeutung. Vor allem das Hüttenwerk in Thale, das darauf angewiesen war, seine Rohstoffe und Fertigprodukte mit der Bahn zu transportieren, profitierte davon. Für durchgehende Züge zwischen Blankenburg und Quedlinburg war der Bahnhof Bodetal allerdings eher hinderlich; damit sie hier nicht Kopf machen mussten, baute man 1909/10 im 3 km entfernten Bf Thale Nord ein Gleisdreieck.

Nach der Einstellung des verbliebenen bescheidenen Rests an Zugverkehr in den 1990-er Jahren und einer legendären Sonderfahrt des Preußenzugs im Jahre 1994 begann der hektische Rückbau der restlichen Gleisanlagen. Man wollte Tatsachen schaffen. Heute sind deswegen nur noch wenige Relikte dieser Strecke vorhanden. Das zweigeschossige Bahnhofsgebäude aber steht noch und wird von einer ortsansässigen Firma genutzt.

Timmenrode.

Nachdem unsere Lok in Thale Bodetal ans andere Ende des Zugs gewechselt ist, verlassen wir die Station in derselben Richtung, aus der wir zuvor gekommen waren. Wir passieren ein zweites Mal den Bahnhof Thale Roßtrappe (die Streckenkarte der DR neben der Abbildung ist etwas ungenau: erst hinter Thale Roßtrappe folgte das Gleisdreieck, dessen Verbindungsstück ganze 300 m maß) und erreichen, nachdem wir den westlichen Schenkel des Gleisdreiecks durchfahren haben, bald den Bahnhof Timmenrode. Er liegt etwas außerhalb des Ortes an seinem östlichen Rand.

Timmenrode wurde 1199 erstmals urkundlich erwähnt, hat in seiner Geschichte mehrere Plünderungen und zwei verheerende Großbrände überstanden und ist heute ein liebenswertes Dorf, das im Norden an den westlichen Ausläufer der Teufelsmauer grenzt, einer seltsam anmutenden Sandsteinformation mit teilweise bizarr hervortretenden Felsklippen. Nach Verlassen des Bahnhofs Timmenrode fuhr der Zug hinter einer großen Linkskurve am Helsunger Krug eine ganze Weile direkt unterhalb dieses Naturdenkmals entlang.

Der Bahnhof selbst verfügte über zwei Bahnsteiggleise, die auch zum Kreuzen von Zügen genutzt wurden. (Etwa 1955 baute man eines davon zum Stumpfgleis zurück.) In den ersten Betriebsjahren mussten die Fahrgäste, die aus Richtung Quedlinburg kommend nach Bodetal wollten, hier sogar umsteigen, was umständlich und im Betrieb kostenintensiv war. Bis der Bau der schon beschriebenen Verbindungskurve das Problem erledigte.

Das dreigeschossige Empfangsgebäude des Bahnhofs ist heute in Privatbesitz und unzugänglich.

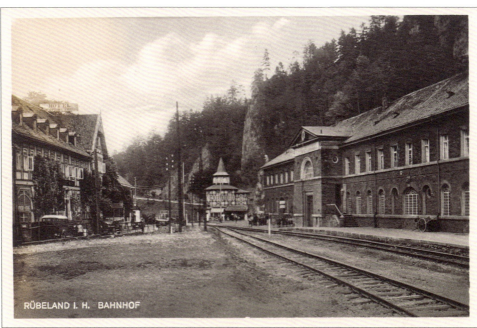

RÜBELAND I. H. BAHNHOF

Rübeland.

Über Blankenburg und Hüttenrode erreichen wir nun - an der gleichnamigen Bahn gelegen - das Dörfchen Rübeland, dessen Bahnhof es eigentlich zwei Mal gibt. Der hier abgebildete ist der jüngere von beiden. Ursprünglich hieß er *Rübeland Tropfsteinhöhlen*. Das Gebäude ist rund 200 Jahre älter als die Eisenbahn. Die bekannten Rübeländer Tropfsteinhöhlen sind nur ein paar Schritte entfernt.
Der Vorgängerbahnhof liegt gut einen Kilometer weiter in Richtung Blankenburg. Doch der war durch eine Streckenneutrassierung zwischen Hüttenrode und Rübeland, die 1931 eröffnet wurde, auf einmal nicht mehr geeignet, die Reisenden in Empfang zu nehmen, lag er doch etwa 12 Meter unterhalb der neuen Trasse, weshalb er von ihr links liegen gelassen wurde. Nur durch ein Zurückdrücken aus dem neuen Rübeländer Bahnhof konnte man ihn noch erreichen.
Die Neutrassierung, die neben der spürbaren Erhöhung der Leistungsfähigkeit der Strecke auch eine deutliche Vereinfachung des Betriebsablaufs mit sich brachte, erwies sich damit als voller Erfolg, auch wenn der Aufwand dafür enorm war. Zwei Tunnel mussten geschlagen und drei Brücken gebaut werden. Da nahm sich das stolze Bahnhofsgebäude in Rübeland geradezu bescheiden aus.
Heute ist der reguläre Personenverkehr auf der Strecke eingestellt, die FELS-Werke, die die Kalksteinbrüche rund um Rübeland und Elbingerode ausbeuten, haben die Trasse von der Deutschen Bahn gepachtet. Doch gelegentlich donnert noch die 95 027 in den Bahnhof ein, denn mehrmals im Jahr finden Sonderfahrten auf ihrer einstigen Stammstrecke statt.

Königshütte.

Auch der Bahnhof Königshütte (430 m über NN), ein Ort im Oberharz mit etwa 600 Einwohnern, lag an der Rübelandbahn. Wie auf der Ansichtskarte aus dem Jahre 1899 ersichtlich, hieß die Station zunächst Rothehütte. Alter und neuer Name lassen erkennen, dass die Region einst von der Eisenhüttenindustrie geprägt war. Gleich mehrere Hütten hatten hier ihr Domizil. Auch heute ist in dem Ort, der jetzt zur imaginären Stadt *Oberharz am Brocken* gehört, noch eine Eisengießerei ansässig.
1886 hatte die Halberstadt-Blankenburger Eisenbahn (HBE) die Strecke fertiggestellt. Ein kühnes Projekt, das damals immer wieder die Aufmerksamkeit der Fachwelt erregte. Das galt allerdings weniger für den oberen Streckenabschnitt. Hier lag Rothehütte. Lange Zeit war der Bahnhof nur Durchgangsstation, die Züge fuhren noch weiter bis Tanne *(siehe rechte Seite)*.
1936 kam es zum Zusammenschluss der bis dahin selbstständigen Orte Rothehütte und Königshof, man machte einfach Königshütte daraus. So erhielt auch der Bahnhof seinen neuen Namen.
1969 legte die Deutsche Reichsbahn, seit 1949 Eigentümerin der Strecke, den Abschnitt nach Tanne still, wodurch Königshütte, inzwischen unter Fahrdraht, zum Endbahnhof der Rübelandbahn wurde.
Nach der Wende nahm der Personenverkehr immer mehr ab. So ereilte den Bahnhof am 30. Mai 1999 das gleiche Schicksal wie Tanne. Die Deutsche Bahn hielt den Streckenabschnitt Hornberg - Königshütte für entbehrlich und stellte ihn kurzerhand ein. Inzwischen ist das denkmalgeschützte Empfangsgebäude wegen Baufälligkeit vollständig abgerissen worden.

Von der Verbindung Halberstadt - Tanne sind noch recht viele Bahnpoststempel erhalten geblieben. Dies hier ist ein besonders schöner aus dem Jahre 1890.

Bahnhof Tanne.

Der Bahnhof Tanne bildete den Endbahnhof der Harzbahn, wie die Rübelandbahn ursprünglich hieß (hier trifft der Name wirklich zu, denn als sich die neue Bezeichnung durchgesetzt hatte, legte man den Abschnitt Königshütte - Tanne still, vor allem, weil Tanne im deutsch-deutschen Grenzgebiet lag.)

Tanne hatte aber noch einen anderen Bahnanschluss. Seit 1899 existierte ein Schmalspurgleis von Brunnenbachsmühle, einer Station der ehemaligen Südharz-Eisenbahn Walkenried - Braunlage (SHE). Der Abzweig nach Tanne war nur gut 8 km lang, aber er bildete das letzte noch fehlende Stück einer Überquerung des Harzes mit der Eisenbahn in Ost-West-Richtung. Kurz vor dem Dörfchen Sorge kreuzte die Strecke das Gleis der Harzquerbahn berührungsfrei auf einer Brücke. Noch heute lassen sich deren Widerlager gut erkennen. Erst später verband man beide Bahnen im Bahnhof Sorge.

Tanne.

HBE und SHE nutzten das schöne Empfangsgebäude in Tanne gemeinsam, das allerdings bald vergrößert und erweitert werden musste (ebenso wie die Gleisanlagen). Die Ansichtskarte zeigt den Zustand um die Jahrhundertwende.

Als 1945 eine Grenze mitten durch Deutschland gezogen wurde, verlief sie genau durch den Streckenarm der SHE nach Tanne, was folgerichtig zu seiner Kappung und baldigen Stilllegung führte. Es ist jedoch überliefert, dass Güter sporadisch noch bis 1958 befördert wurden.

2011 vernichtete ein vorsätzlich gelegtes Feuer große Teile des Empfangsgebäude des ehemaligen Bahnhofs Tanne. Ein Jahr später wurde es, obwohl es unter Denkmalschutz stand, abgerissen.

Mansfelder Land und Südharz

Nimmt man sich einmal eine Eisenbahnstreckenkarte der Region zur Hand, kann man gut erkennen, wie die Hauptbahnen den Harz respektvoll umrunden. An anderer Stelle in diesem Buch haben wir schon darauf hingewiesen. Der östliche Teil dieses Gürtels berührt das Mansfelder Land, das noch immer von den Halden des jahrhundertelangen Kupferbergbaus geprägt wird. Namensgeber des Landstrichs waren übrigens die Grafen von Mansfeld, die zu den ältesten deutschen Adelsgeschlechtern überhaupt zählen und in diesem Gebiet schon vor etwa 1000 Jahren gewohnt haben.

Die Eisenbahnstrecken im Mansfelder Land sind überschaubar. Von Norden her kommt aus Richtung Güsten die Kanonenbahn Berlin - Sangerhausen - Metz, die vom Volksmund ihren Namen aus ebenjenen militärstrategischen Gründen heraus bekam, aus denen sie einst gebaut worden war. Der preußische Staat sah sie als erforderlich an, um im Ernstfall Truppen und Militärgüter schnell an die französische Grenze bringen zu können. Gleichzeitig sollte aber auch eine Staatsbahnstrecke die hessischen und hannoverschen Bahnen verbinden, die nach dem Deutschen Krieg 1866 unter preußische Verwaltung gekommen waren.

Ab Blankenheim Trennungsbahnhof, westlich von Sangerhausen gelegen, benutzt die Kanonenbahn dann die Hauptbahn Halle (Saale) – Kassel der ehemaligen Magdeburg-Leipziger Eisenbahn-Gesellschaft und bildet in etwa die Südgrenze des Mansfelder Landes. Doch nicht lange, denn schon bald hinter Sangerhausen werden die südlichen Ausläufer des Harzes sichtbar. Die Eisenbahn allerdings meidet sie; erst in Berga-Kelbra wagt sich wieder eine Stichstrecke ein paar Kilometer weit in das Gebirge hinein und erreicht schließlich das Fachwerkstädtchen Stolberg.

Die Herren auf dieser Ansichtskarte, die sich bei schönstem Sonnenschein vor dem kleinen, aber feinen Empfangsgebäude des Bahnhofs Freckleben präsentieren, scheinen sehr stolz auf ihn zu sein. Damals hatte der Ort jedenfalls noch einen Bahnhof. Der Pfeil auf der Karte lässt keinen Zweifel daran. Obwohl sie verschickt worden ist, lässt sich das Datum leider nicht mehr ganz ausmachen. Die Aufnahme dürfte jedoch vor 1918 entstanden sein.

Freckleben an der Hauptstrecke Halle (Saale) - Hannover liegt gleichzeitig im Tal der Wipper; das Flüsschen teilt den Ort in sein Unter– und Oberdorf. In letzterem findet man den früheren Bahnhof und heutigen Haltepunkt. Eigentlich ist es nicht viel mehr als ein Bahnsteig. Freckleben liegt deutlich unter der Grenze von mindestens 100 Fahrgästen, die eine Station täglich benutzen müssen, um Investitionen zu rechtfertigen. Doch die Station be-

Freckleben.

kam kürzlich sogar einen so genannten *Dynamischen Schriftanzeiger*, der die Uhrzeit und Verspätungen oder Störungen anzeigt.

Nur ein paar hundert Meter weiter nördlich, am Ortsrand, führt übrigens eine zweite Bahnlinie entlang, nämlich die Kanonenbahn im Abschnitt Güsten - Sandersleben. Doch an ihr hat Freckleben keinen Haltepunkt bekommen. Auf dem höchsten Punkt des Dorfes thront die über tausend Jahre alte romanische Burg Freckleben, die von der Bahnstrecke aus (zumindest wenn man aus Richtung Aschersleben kommt) bereits kilometerweit vorher zu sehen ist und schon vielen Fotografen ein ansprechendes Hintergrundmotiv für ein Streckenfoto bot, wenn der Zug Freckleben wieder verlässt.

Sandersleben i. Anhalt — Bahnhof

Sandersleben (Anh).

Fahren wir ein paar Kilometer weiter Richtung Halle (Saale), erreichen wir Sandersleben. Die Geschichte dieser Siedlung, die von einigen Hügeln umgeben ist, reicht bis ins 4. Jahrhundert zurück. Heute leben hier nicht einmal 2000 Einwohner, doch immerhin besitzt der Ort seit 1340 das Stadtrecht. Trotzdem wurde aus ihm nie etwas wirklich Bedeutendes. Eine gewisse Bekanntheit erreichte er eigentlich erst, als ihn die Eisenbahn erreichte.

Das erste Empfangsgebäude des Bahnhofs Sandersleben, eröffnet 1871 mit der Inbetriebnahme der Strecke von Aschersleben nach Könnern, lag ein paar Meter weiter nordöstlich als das heutige. Ein zweigeschossiger, etwas klotziger Bau, der auf der Ansichtskarte oben im Hintergrund noch zu erkennen ist und bis heute fast unverändert dasteht. Er befindet sich - zumindest äußerlich - sogar in einem passablen Zustand, wird allerdings aktuell nicht genutzt.

Die private Halberstadt-Magdeburger Eisenbahngesellschaft (MHE) als Betreiberin der Strecke hatte ihn damals erbauen lassen. Doch schon sechs Jahre später schwenkte an der Nordspitze des Bahnhofs in einem Bogen die staatlich betriebene Kanonenbahn Berlin - Blankenheim ein, auf die wir später noch öfter kommen werden. Sie überquerte die Trasse aus Aschersleben auf einem kleinen Brückenbauwerk. Nun war Sandersleben Kreuzungsbahnhof geworden und man rechnete, u.a. weil die Strecke der MHE inzwischen bis Halle weitergeführt worden war, mit hohen Umsteigerzahlen. Die MHE war jedoch nicht bereit, ihr Empfangsgebäude und die Bahnsteiganlagen zur gemeinsamen Nutzung freizugeben. Der Staatsbahn blieb nicht anderes übrig, als ein eigenes

Die Direktverbindung Halle - Hannover über den Harzrand stand zwar im Schatten der großen Fernzüge über Helmstedt und Magdeburg, hatte aber trotzdem eine erhebliche Bedeutung. Nach der Wiedervereinigung wurde sie zunächst durch den InterRegio „Brocken" bedient (der zeitweise bis Leipzig fuhr), dann durch den „Harz-Express". Doch auch der ist seit Dezember 2014 Geschichte. Niedersachsen wollte ihn nicht mehr.

Empfangsgebäude zu errichten - und wegen der ungünstigen Lage zur Ortschaft mit einem Fußgängertunnel zu versehen. Sandersleben hatte nun zwei Bahnhöfe in Steinwurfweite voneinander entfernt.

1879 wurde die MHE vom preußischen Staat aufgekauft. Das zuletzt gebaute Empfangsgebäude konnte nun für beide Strecken genutzt werden, was die Betriebsabläufe einfacher gestaltete, das alte wurde nicht mehr benötigt. Beide Karten sind 1930 gestempelt und auch vom selben Verlag herausgegeben worden. Auf der rechten ist die markante Insellage des Bahnhofs sehr schön zu sehen, die sich bis heute so erhalten hat. Der Zug auf der Stadtseite ist auf dem Weg nach Halle. Frau Stockmann, die Verfasserin des Kartentextes, hat selbst noch den schmalen Fotorand ausgenutzt. Die Zuglok ist nicht ganz genau zu ermitteln, möglicherweise handelt es sich um eine Maschine der Baureihe 38[10].

Die linke Karte aus der Vogelperspektive, laut Bahnpoststempel befördert in einem Zug von Halle (Saale) nach Hannover und bis Braunschweig gelaufen, zeigt im Vordergrund einen 5-Tonnen-Brückenkran, mit dem ein Arbeiter einen zweiachsigen offenen Güterwagen be- oder entlädt. Der Schnellzug dahinter gehört dagegen ins Reich der Fantasie. Anfang des zwanzigsten Jahrhunderts wurden von geschickten Illustratoren nicht selten auf Ansichtskarten Züge in die Bahnhöfe hineingezeichnet, um die Szenerie lebendiger zu gestalten.

Der Ort Sandersleben erkämpfte sich übrigens erst im Jahre 2007 nach einem längeren Rechtsstreit gegen das Magdeburger Innenministerium per Gerichtsbeschluss den Zusatz *Anhalt*. Die Bahn hingegen machte sich aus solchen Streitigkeiten nichts. Der Bahnhof trug das Kürzel *(Anh)* (mit kurzen Unterbrechungen, jedoch den Fakten Rechnung tragend) schon seit ungefähr 1910.

Ein seltenes Stück: Dieser Langläufer von Berlin nach Kassel über die Kanonenbahn trug gleich zwei Zugnummern.

Klostermansfeld.

Der Bahnhof Klostermansfeld, der, wie auf der Ansichtskarte ersichtlich, ursprünglich Mansfeld hieß, liegt ein paar Fahrminuten südlich von Sandersleben am Kilometer 179,0 der Kanonenbahn nach Blankenheim. Zuvor hat der Zug noch Hettstedt passiert.

Dem Ort sieht man seine lange Bergbautradition nicht nur wegen der ein Stückchen direkt nebenher verlaufenden Bergwerksbahn an. Förderanlagen und Abraumhalden prägen die Gegend.

Der Bahnhof wurde wie die Strecke im Jahre 1879 durch die Preußische Staatsbahn eröffnet und entwickelte sich schnell zu einem bedeutenden Betriebspunkt. Hier wurden einst erhebliche Mengen Güter von und zur schmalspurigen Mansfelder Bergwerksbahn umgeschlagen.

1920 ging dann die vornehmlich für den Tourismus bedeutsame Stichstrecke nach Wippra (volkstümlich *Wipperliese* genannt) in Betrieb, die den Bahnhof in nördlicher Richtung verlässt und dabei eine große Linkskurve beschreibt. Nach ursprünglichen Planungen sollte die Strecke sogar bis nach Stolberg (Harz) weitergeführt werden sollte, wozu es jedoch nie kam.

Sie besaß nun auch einen Bahnhof Mansfeld. Dieser wurde zur Abgrenzung zunächst mit dem Zusatz *(Südharz)* versehen. Erst Anfang der 1940-er Jahre wurde aus Mansfeld dann der noch heute gültige Name Klostermansfeld. Der ist eigentlich aber auch falsch, denn der Bahnhof liegt gar nicht in diesem Ort, sondern im benachbarten Benndorf.

Direkt hinter dem Bahnhof befindet sich übrigens die bekannte MaLoWa-Bahnwerkstatt, die Wartungsarbeiten für Dampf- und Diesellokomotiven anbietet.

Gasthof zum Grafen von Mansfeld. Inh. Anton Kunze.

Mansfeld (EKM).

Eine fast vergessene Bahnstrecke zeigt diese schöne Ansichtskarte: die *Elektrische Kleinbahn im Mansfelder Bergrevier A.G. (EKM)*, wie sie offiziell hieß. Gut zwei Stunden benötigten ihre meterspurigen Triebwagen, um die knapp 32 km lange Strecke von Helfta über Eisleben und Mansfeld nach Hettstedt zurückzulegen. Obwohl als Kleinbahn konzessioniert, hatte sie eher den Charakter einer Überlandstraßenbahn, zumal die Genehmigung für einen Güterverkehr erst sechs Jahre nach ihrer Inbetriebnahme erteilt worden war. Sie querte die Marktplätze von Eisleben und Hettstedt und bediente insgesamt 57 Haltestellen. Wer weiß, wo er suchen muss, kann vor Ort heute noch ein paar Relikte von ihr finden.

Im Jahre 1900 befuhren die 30 km/h schnellen Fahrzeuge zum ersten Mal die Strecke. Angeboten wurde ein 30-Minuten-Takt. Insgesamt versuchten sich vier Betreiber daran, diese Verbindung wirtschaftlich zu betreiben, was jedoch keinem gelang. 1922 legte der letzte von ihnen, die Elektrizitätswerk Sachsen-Anhalt AG, sie schließlich still. Ein paar zaghafte Versuche, sie zu retten, verliefen im Sande. Deshalb ist sie auf dem Streckenkartenausschnitt auch nicht mehr eingezeichnet.

Die Ansichtskarte mit Stempeldatum 15.1.15 zeigt damit einen Triebwagen aus den Anfängen der EKM. Er steht vor der provisorischen Kleinbahnverwaltung im *Gasthof zum Grafen Hoyer von Mansfeld*. Das Fahrzeug ist auf der Fahrt in Richtung Eisleben.

Unser Bahnhofsname ist übrigens aus zweierlei Gründen nicht ganz korrekt. Streng genommen ist das natürlich kein richtiger Bahnhof, und außerdem handelt es sich in Wirklichkeit um Klostermansfeld.

Bahnpoststempel der Halle-Hettstedter Eisenbahn aus dem Jahre 1932. Die dazugehörige Karte lief nach Charlottenburg.

Gerbstedt.

Vor dem Empfangsgebäude und Lokschuppen des interessanten Bahnhofsensembles von Gerbstedt, an der Halle-Hettstedter Eisenbahn (HHE) gelegen, herrscht ordentlich Betrieb. Die Kleinbahn war 1895/96 gebaut worden, weil dem Mansfelder Land zwischen Könnern, Halle, Eisleben und Hettstedt eine Erschließung durch Eisenbahnen bisher fehlte.

Neben Nietleben war der Bahnhof Gerbstedt der Betriebsmittelpunkt der HHE, gab es hier doch zusätzlich zu den obligatorischen Güterabfertigungsanlagen auch einen zweiständigen Lokschuppen mit Wasserturm und eine Lokwerkstatt. Außerdem fuhren von Gerbstedt seit 1900 Züge auf einer Zweigstrecke ins 10 km entfernte Friedeburg. In den Jahren 1907 und 1923 wurde der Bahnhof dann bis zu seiner endgültigen Größe erweitert.

Der Niedergang der HHE kam schrittweise: 1962 wurde der Verkehr nach Friedeburg eingestellt, 1968 der Personenverkehr zwischen Halle und Heiligenthal, 1998 auch zwischen Heiligenthal und Gerbstedt. 2002 verlor die Strecke schließlich ihren Restverkehr nach Hettstedt. Hier fuhr zuletzt die Kreisbahn Mansfelder Land.

Doch es gibt da noch den rührigen Verein *Freunde der Halle-Hettstedter Eisenbahn e.V.*, der sich zum Ziel gesetzt hat, auf der HHE wieder Züge rollen zu lassen. Und das trotz einiger Widerstände, zum Beispiel von Leuten, die am liebsten alle noch vorhandenen Gleise herausreißen und verwerten würden. Erste Sanierungsarbeiten sind bereits durchgeführt worden.

Der Verein hat auch das Bahnhofsgebäude in Gerbstedt gekauft, gestaltet Bahnhofsfeste und entwickelt Konzepte für eine neue, langfristige Nutzung.

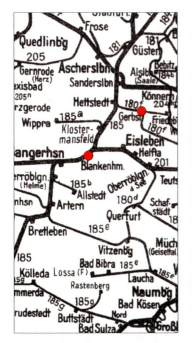

Blankenheim (Kr Sangerhausen).

Blankenheim hat gleich zwei Bahnhöfe (wenn auch seit 1986 unter einer Leitung), einen vor und einen hinter dem bekannten Tunnel. Kommt man aus Richtung Eisleben oder Hettstedt, durchfährt man zunächst *Blankenheim Trennung* (früher meist als *Trennungsbf* bezeichnet), wo die Kanonenbahn in die Halle-Kasseler Eisenbahn übergeht, taucht danach in den 875 m langen Blankenheimer Tunnel, auf dessen Rücken die Häuser des Ortes Blankenheim stehen, und erreicht unmittelbar hinter seinem Südportal den Bahnhof *Blankenheim (Kr Sangerhausen)*. Er ist aufgrund der engen topografischen Verhältnisse in einem Gleisbogen angelegt.

Der Trennungsbahnhof besaß neben seinen Kreuzungs- und Überholgleisen auch Wartegleise für die Schiebeloks (von den Bw Röblingen am See und Sangerhausen), denn zu beiden Seiten des Tunnels lagen für den Zugverkehr anspruchsvolle Streckenabschnitte, die Riestedter und die Blankenheimer Rampe, auf denen bis zur Elektrifizierung viele Züge nachgeschoben werden mussten.

Die Ansichtskarte zeigt den Zustand des Bahnhofs Blankenheim (Kr Sangerhausen) um 1910. Bis dahin verfügte er nur über ein sehr einfaches Empfangsgebäude. In den 1920-er Jahren wurde ein zweigeschossiges steinernes Gebäude an seinem Platz gebaut. Es stand in den letzten Jahren leer und fiel vor einiger Zeit der Abrissbirne zum Opfer. Dass man es damals (wie heute) selbst auf Bahnhöfen mit der korrekten Bezeichnung der Stationsnamen nicht so genau nahm, sieht man daran, dass man an diesem Gebäude bis zum Schluss *Blankenheim (Krs. Sangerhausen.)* lesen konnte, eine Schreibweise, die nie gültig gewesen ist. Die Reisenden hat es nicht gestört.

Lutherstadt Eisleben.

An manchen Bahnhöfen kann man neuerdings das klangvolle Wort „Reisezentrum" lesen. Das macht schon was her, vermittelt Modernität und Kundenorientiertheit. Die Lutherstadt Eisleben hat seit einiger Zeit auch so ein Reisezentrum. So heißt es zumindest voller Freude in einer offiziellen Pressemitteilung der Deutschen Bahn. Es steht ganz in der Nähe des Bahnhofs und ist ein enger weißer Blechcontainer.

Das Empfangsgebäude (eröffnet 1866, die bescheidene Bahnsteigüberdachung stammt von 1897) ist nämlich schon ziemlich lange verschlossen. Kein Reisender kann es betreten. Bau– und Brandschutzmängel werden als Grund angegeben. Die Bahn hat schon längst keine Verwendung mehr dafür, denn auf dem Bahnsteig steht ein Fahrkartenautomat.

Nun ist Eisleben nicht irgendeine Stadt. Martin Luther wurde hier geboren, und hier starb er auch. 400 Jahre später, 1946, bekam Eisleben deswegen den Beinamen *Lutherstadt*. (Interessant, dass die abgedruckte Karte schon 1943 gelaufen ist). Viele Touristen und Gläubige kommen auf den Spuren des großen Reformators ins Mansfelder Land, etliche davon mit der Bahn. Doch so ein Schandfleck als erster Eindruck ist keine Imagewerbung für die Stadt.

Das Gebäude zu kaufen, kam aus finanziellen Gründen nicht infrage. So blieb eigentlich nur der Abriss. Doch damit wollten sich einige Eisleber Bürger nicht abfinden und gründeten 2013 eine *Bahnhofsgenossenschaft* mit dem Ziel, den Bahnhof zu kaufen, zu sanieren und für Handel und Gewerbe attraktiv gemacht wieder zu vermieten. Das Land Sachsen-Anhalt fand diese Idee spannend und versprach üppige Fördermittel.

Zum Redaktionsschluss sah es ganz gut aus für dieses Projekt, aber vom Eis war die Kuh noch nicht.

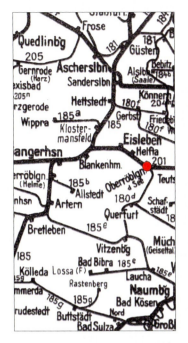

Röblingen am See (einst ein Bergmannsdorf, weil in der Nähe Braunkohle gefunden worden war) ist heute die größte Ortschaft der künstlich gebildeten und unglücklich bezeichneten Gemeinde *Seegebiet Mansfelder Land*, die eine Folge staatlich verordneter Gebietsreformen ist. Man findet sie etwa auf halber Höhe zwischen Halle (Saale) und Lutherstadt Eisleben. Wie man sich denken kann, verdankt Röblingen seinen Beinamen einem schönen und im Sommer gut besuchten Badesee.

Hier führt auch die Hauptbahnstrecke Halle (Saale) - Sangerhausen - Hann. Münden - Kassel entlang. Der Bahnhof Röblingen am See, am km 26,7 gelegen, hörte bis 1952 noch auf den Namen *Oberröblingen am See* und ist seit 1865 in Betrieb, dem Jahr der Eröffnung des Streckenabschnitts Halle - Eisleben. 1884 kam noch das in Richtung Süden abzweigende Gleis nach Vitzenburg hinzu (*siehe Seite 143*).

Röblingen am See.

Der eher kleine Bahnknoten besaß von 1876 bis 1992 sogar ein Bahnbetriebswerk, das eigens zu dem Zweck eingerichtet worden war, Lokomotiven für die Nebenbahnen und den Schiebedienst für die schwere Zügen über die Blankenheimer Rampe zur Verfügung zu haben.

Die Aufnahme, angefertigt etwa 1915, lässt das architektonisch gelungene Empfangsgebäude, das aus dem Jahre 1884 stammt und 1913 auf der rechten Seite um einen Anbau erweitert wurde, viel verspielter wirken, als es sich im heutigen Zustand präsentiert. Auch die spätere Elektrifizierung der Strecke hat seiner Optik nicht unbedingt gutgetan. Im Jahr 2013 wurde es auf einer Versteigerung für 8.000 Euro an einen Bieter verkauft.

Oberröblingen (Helme).

Nach diesem kleinen Abstecher in östlicher Richtung geht es jetzt wieder zurück, abermals durch den Blankenheimer Tunnel und über Sangerhausen nach Süden, wo wir Oberröblingen an der Helme erreichen. Der kleine Ort, heute ein Stadtteil von Sangerhausen, liegt ebenfalls an einer Hauptbahn, nämlich der Strecke Magdeburg - Erfurt, und für eine solche wurde der südliche Abschnitt, Sangerhausen - Erfurt, erst relativ spät eröffnet. Zwischen Sangerhausen und Artern fuhren 1880 die ersten Züge, weiter nach Erfurt ging es ein Jahr später. Oberröblingen ist der letzte Bahnhof der Strecke, der noch auf dem Gebiet von Sachsen-Anhalt liegt. Die Helme ist übrigens ein Nebenfluss (eigentlich eher ein Bach) der Unstrut.

Auch wenn diese Bahnlinie die kürzeste Verbindung zwischen den Landeshauptstädten von Sachsen-Anhalt und Thüringen ist, reicht ihre Bedeutung offensichtlich nicht für einen planmäßigen Fernverkehr aus. Seit Jahren verbinden die beiden Metropolen nur Regionalexpress-Triebwagen, die im Zweistundentakt verkehren. In den Vorwendejahren rollten hier noch Fernzüge, etwa aus Paris, durch den Bahnhof.
Auf der Karte fällt die dichte „Belaubung" des Bahnhofs auf - auf einem Bahnsteig zumindest für die Gegenwart ein eher ungewohntes Bild - doch diese gibt es zum Teil noch heute. Ganz links erkennt man das Schild für die kurze Stichstrecke nach Allstedt.
Heute ist die Strecke elektrifiziert und der Bahnhof unbesetzt, wird aber noch von allen Regionalexpresszügen und Regionalbahnen zwischen Sangerhausen und Erfurt bedient.

Die Rückseite dieser Ansichtskarte trägt den hier gezeigten Bahnpoststempel vom 2. Weihnachtsfeiertag im Kriegsjahr 1915.

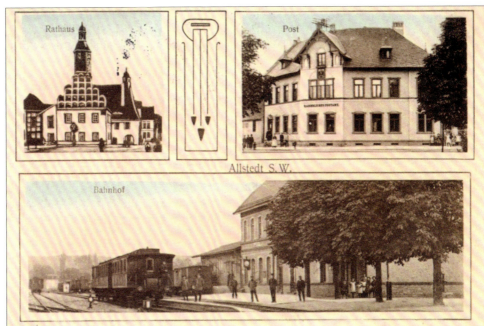

Von Oberröblingen fahren wir noch schnell weiter in das schon erwähnte und nur 7,4 km entfernte Allstedt - eine Kleinstadt, die stolz auf ihre Historie ist. Unter anderem war ihre ehemalige Pfalz unter Otto II. (973 - 983) die meistbesuchte in ganz Sachsen; sogar Reichstage wurden hier abgehalten, der letzte im Jahre 1188 unter Friedrich Barbarossa.

Mit der Einsicht in die Notwendigkeit einer Eisenbahnlinie tat man sich vor Ort hingegen schwer. Von den ersten Ideen einer Anbindung Allstedts an das Schienennetz bis zu ihrer Verwirklichung vergingen mehrere Jahrzehnte. Besondere Probleme machte es, die anliegenden Bauern von der Abtretung des notwendigen Bodens zu überzeugen. Die Besitzer wollten einfach nicht verkaufen, so dass schließlich eine Enteignungskommission mit einem Taxator Fakten schuf.

Am 20. September 1894 fuhren endlich die ersten Züge.

Allstedt.

Viermal täglich pendelte anfangs die Bahn auf der Strecke, die mit Niederröblingen nur einen einzigen Unterwegsbahnhof besaß.

Ein Kalischacht in der Nähe, in dem man das seltene Mineral Carnallit gefunden hatte, sorgte bis 1921 für Güterverkehr von Bedeutung (hierfür war eine 8 km lange Anschlussbahn vonnöten), vor allem aber eine Zuckerfabrik und ein paar kleinere Kunden hielten die Strecke am Leben, denn der Personenverkehr war nie sehr bedeutsam. So wurde er folgerichtig auch schon 1973 eingestellt, während Güterzüge noch bis Ende 1994 den Bahnhof Allstedt erreichten.

Heute ist die Strecke abgebaut; die ehemalige Bahntrasse kann man gut mit dem Rad erkunden.

Berga-Kelbra.

Das Dörfchen Berga und die Kleinstadt Kelbra hatten, als es um die Streckenführung der Bahnlinie Halle - Nordhausen - Kassel ging, Pech gehabt. Das Gleis wurde praktisch genau zwischen beiden Orten verlegt. Doch insbesondere Kelbra gab nicht auf, wollte wenigstens einen Haltepunkt an der nun bestehenden Strecke, wenn auch fernab des Stadtzentrums. Die Hartnäckigkeit wurde belohnt; im Jahre 1877, knapp elf Jahre nach Eröffnung der Bahnlinie, wurde die Station Berga-Kelbra in Betrieb genommen. Mit ihrem Empfangsgebäude verkalkulierte man sich allerdings gleich mehrfach: Die erste, provisorische Bretterbude stand 1878, wenig später wurde daraus ein richtiges hölzernes Gebäude, 1882 riss man es schon wieder ab und baute ein neues aus Stein. Nur sieben Jahre darauf genügte auch das nicht mehr; weil die Strecke nach Stolberg (Harz) von hier abzweigen sollte, musste abermals ein neues her. Das steht nun noch heute.

Durch die Streckenführung der Stichbahn nach Stolberg (*siehe Seite 113*) ist der Bahnhof als Keilbahnhof ausgeführt worden. Zumindest was den Personenverkehr betrifft, ist diese Tatsache heute bedeutungslos. Lediglich Güterzüge fahren hier noch.

Im Rücken des Fotografen der obigen Aufnahme befand sich übrigens der Endbahnhof der Kyffhäuser Kleinbahn (KyK), die die Strecke Berga-Kelbra - Artern betrieb und mit der Karte auf der nächsten Seite noch etwas näher beschrieben wird. Von hier konnte man in einen Ort mit dem schönen Namen Hackpfüffel fahren. Das ehemalige Empfangsgebäude existiert ebenfalls noch und ist heute ein unscheinbares Wohnhaus.

Auch wenn der Abschlag alles andere als sauber ist - wegen seiner Seltenheit wollen wir den Stempel der Kyffhäuser Kleinbahn hier abdrucken. 19.6.1919

Kelbra.

Die Kyffhäuser Kleinbahn (KyK), betrieben von der gleichnamigen Aktiengesellschaft, ist heute fast vergessen. Das verwundert ein wenig, denn vor Ort sind noch viele Relikte der Strecke erkennbar. Der Bahndamm ist seit ein paar Jahren abschnittsweise ein Radwanderweg, die erhalten gebliebenen Bahnhofsgebäude werden fast alle noch genutzt, freilich nicht mehr, um Züge abzufertigen. Meist sind Wohnhäuser daraus geworden.
Ausgerechnet für den Bahnhof Kelbra, der der betriebliche Mittelpunkt der KyK war, gilt das nicht. Er verfällt. Einst gab es hier noch einen Lokschuppen, einen Güterschuppen und einige Rangier– und Ladegleise.
Kelbra liegt knapp vier Bahnkilometer von Berga-Kelbra entfernt. Von Berga-Kelbra aus beschrieb die Strecke beinahe einen Halbkreis nach Süden, um ihn zu erreichen.
Die Kyffhäuser Kleinbahn AG eröffnete die Strecke im Jahre 1916, um die Goldene Aue verkehrstechnisch besser zu erschließen und die Orte Tilleda und Kelbra, die beim Bau der Hauptbahn Halle - Hann. Münden nicht berücksichtigt worden waren und sich damit nicht abfinden wollten, an den Eisenbahnverkehr anzubinden. Sie wurde in Normalspur ausgeführt und war knapp 30 km lang. An seinem anderen Ende fand sie in Artern Anschluss an die Bahnlinie von Sangerhausen nach Erfurt.
Fünfzig Jahre konnte sich die KyK halten. 1966 verschwand die Strecke wieder aus den Kursbüchern.
Eine der drei Maschinen der KyK ist übrigens erhalten geblieben. Es handelt sich um die heute im Deutschen Dampflok-Museum Neuenmarkt-Wirsberg beherbergte und betriebsfähige 89 6024, gebaut 1914 bei Henschel & Sohn in Kassel (*siehe dazu auch die Ansichtskarte Alsleben!*).

Der Bahnpoststempel aus dem Jahre 1897 verrät es: Zunächst fuhren die Züge nur bis Rottleberode. Der Herr Graf wollte es so.

Rottleberode.

Fürsten haben ihren eigenen Kopf. Der Graf zu Stolberg-Stolberg, Sprössling eines weit verzweigten Adelsgeschlechts, ist das beste Beispiel dafür. Er wohnte im Stolberger Schloss hoch über der Stadt und besaß umfangreiche Ländereien in der Gegend. Dieser Umstand war dem Ansinnen einer ganzen Reihe von aufstrebenden Industriebetrieben rund um Rottleberode, endlich einen Bahnanschluss für ihre Güter zu bekommen, im Wege. Denn der Blaublüter hielt nichts von der Eisenbahn, aus verschiedenen Gründen. Vor allem aber wollte er eine Zerschneidung seiner Ländereien verhindern. Als er nach einigen Jahren endlich doch zustimmte, weil auch seine eigene Holzwirtschaft litt, setzte er einige eigenwillige Bedingungen durch. Zunächst einmal verbat er sich, dass die Bahn bis Stolberg fuhr, wie es die dortigen Stadtväter gerne gesehen hätten. Schließlich war auch der Tourismus gerade am Aufblühen und die Besucher kamen bisher mühselig auf Pferdefuhrwerken das Thyratal hinauf. Außerdem verlangte er, dass der Bahnhof Rottleberode nicht (wie es wirtschaftlich sinnvoll gewesen wäre) auf der Südseite des Ortes, sondern genau auf der entgegengesetzten Seite zu errichten war. Es konnte ihm ja schließlich nicht zugemutet werden, erst durch den ganzen Ort zu fahren, sollte er sich doch einmal dazu entschließen, die Eisenbahn zu benutzen. Und da waren noch zwei Bedingungen. Der Bahnhof hatte (völlig widersinnig) Stolberg-Rottleberode zu heißen und mit einem exquisiten Fürstenzimmer inklusive separatem Eingang ausgestattet zu sein. Das ließ er sich einen ordentlichen finanziellen Zuschuss zum Bau kosten. Alle Bedingungen wurden ihm erfüllt.

Bahnhof Stolberg. Die Perle des Südharzes.

Stolberg (Harz).

Das Städtchen Stolberg wird auf der Ansichtskarte als „die Perle des Südharzes" bezeichnet. Zurecht, werden alle bekunden, die schon mal da waren, nur das mit dem Städtchen stimmt nicht mehr ganz. Seit 2010 ist Stolberg durch eine Gebietsreform Ortsteil der imaginären Gemeinde Südharz und damit keine eigenständige Stadt mehr. Seit September 2015 darf sie den Zusatz allerdings wieder führen, der Kampf darum hatte sich gelohnt.

Stolberg bekam erst relativ spät, nämlich 1923, seinen Bahnanschluss, obwohl die Strecke aus Berga-Kelbra bereits 1890 bis Rottleberode (damals noch unter dem Namen Rottleberode-Stolberg) fertiggestellt worden war. Die zunächst diskutierten Pläne der Gernrode-Harzgeroder Eisenbahn-Gesellschaft, die Selketalbahn vom Örtchen Lindenberg abzweigend bis Stolberg zu verlängern (die Vorarbeiten dafür hatten sogar schon begonnen), und ein Projekt, von Osten die Bahnstrecke Klostermansfeld - Wippra bis Stolberg fortzuführen, zerschlugen sich. So kam es nachher zur Verlängerung der Stichbahn aus Berga-Kelbra, wo Anschluss an die Halle-Kasseler Bahn bestand.

In den 1990-er Jahren erhielt die Strecke nach einem Ideenwettbewerb die Bezeichnung *Thyraliese*, der vom gleichnamigen Tal, in dem die Strecke verläuft, abgeleitet ist. Kein gutes Omen. 2011 hat die Geburtsstadt Thomas Müntzers ihren Bahnanschluss nämlich wieder verloren. Es stiegen einfach zu wenig Fahrgäste in die Züge.

Die Ansichtskarte ist undatiert, dürfte jedoch zwischen 1923 und 1925 entstanden sein, denn die preußische T9.3 mit ihrem Personenzug aus Berga-Kelbra trägt noch keine DRG-Lokschilder.

Region Dessau - Wittenberg

Das Dreieck zwischen Schönebeck, der Lutherstadt Wittenberg und Bitterfeld bildet den östlichsten Zipfel Sachsen-Anhalts. Die Elbe bestimmt mit ihren weiten Auengebieten hier nicht nur den landschaftlichen Charakter. Auch die Eisenbahn musste sich nach ihr richten; so sind nur wenige Flussquerungen vorhanden. Bei Wittenberg, Dessau und Barby ist ihr der Sprung über den Strom gelungen. Doch eine dieser imposanten Brücken, die 757 m lange stählerne Fachwerkkonstruktion mit sechs Halbparabeln bei Barby, ist nach Einstellung des Zugverkehrs im Jahre 2004 derzeit sogar vom Abriss bedroht.

Hauptbahnen in Nord-Süd-Richtung prägen das Bild der Eisenbahn. Von Halle über Wittenberg nach Berlin konnte man ab 1841 reisen, die Achse Leipzig - Dessau - Magdeburg war 1874 fertig und der Lückenschluss zwischen Roßlau und der Kanonenbahn bei Wiesenburg kam 1923 (und damit ungewöhnlich spät für eine Hauptbahn).

Eisenbahngeschichte wurde geschrieben, als zwischen Dessau und Bitterfeld am 1. April 1911 die weltweit erste elektrifizierte Fernbahnstrecke in Betrieb genommen werden konnte, auch wenn die Versuchsstrecke wegen des Ausbruchs des Ersten Weltkriegs vorerst wieder abgebaut wurde. Das Titelbild dieses Buches stammt aus jenen Jahren.

Von den Hauptbahnen ausgehend, erschlossen strahlenförmig etliche Klein- und Nebenbahnen das Land. Die meisten gibt es in der Gegenwart nicht mehr, in der Regel spielten vor allem wirtschaftliche Überlegungen die Hauptrolle, sie stillzulegen. Nur ganz wenige überlebten. So kann man zum Beispiel auch heute noch den weltberühmten Wörlitzer Park bei Oranienbaum, auf der Liste des UNESCO-Weltkulturerbes verzeichnet, auf Eisenbahnschienen erreichen.

Zerbst.

Da er keine Weiche mehr besitzt, ist der Bahnhof Zerbst, an der Hauptstrecke Magdeburg - Dessau gelegen, streng genommen gar kein Bahnhof mehr, sondern nur noch ein Haltepunkt. Doch darum schert sich in Zerbst niemand. Und die Straße davor heißt wie eh und je „Am Bahnhof".

Genau von dort fuhr übrigens von 1891 an eine Straßenbahn ab. Allerdings wurden die Waggons damals von Pferden gezogen. Die Strecke war 2,3 km lang und führte direkt zum Marktplatz der Stadt. Besäße man sie heute noch, wäre dies wohl die Zerbster Attraktion schlechthin, doch die Bahn wurde schon 1928 wieder eingestellt und durch einen schnöden, wenn auch damals hochmodernen Omnibusverkehr ersetzt. So kann man denn, wenn man es weiß, als einzige Überbleibsel davon sowohl am Markt als auch direkt vor dem Bahnhof ein paar Meter Gleis bestaunen, die sorgsam neu eingepflastert wurden, handelt es sich doch um die ältesten originalen Gleisreste eines deutschen Straßenbahnbetriebs überhaupt.

Dass Zerbst einst sehr wohl ein Bahnhof war, kann man am üppigen Gleisgeflecht auf der Karte erkennen. Der spätromantische Bau wirkt sehr verspielt angesichts der vielen Zinnen und Türmchen. Etliche davon hat er im Laufe der Zeit eingebüßt, nur ein paar sind noch erhalten, so dass er heute deutlich strenger wirkt.

2013 ist der Bahnhof Zerbst umgebaut worden: Ein neuer Außenbahnsteig, ein Tunnel mit Treppen und Rampen, eine neue Beleuchtungsanlage, ein Informations– und Wegeleitsystem mit dynamischem Schriftanzeiger, ein Fahrradunterstand. Nur das einst schöne Empfangsgebäude, das hat man wie so oft vergessen.

Bahnhof Güterglück.

Um von Berlin auf der Schiene nach Sangerhausen zu gelangen, könnte man auch über Halle (Saale) fahren. Zug 621 jedoch nahm am 31.7.1903 den Weg über die Kanonenbahn.

Güterglück.

Was für ein Name für einen Bahnhof!
Güterglück ist ein ganz besonderer, denn hier kreuzen sich zwei Bahnstrecken. An sich nichts Aufregendes, doch wenn dies auf extrem unterschiedlichem Höhenniveau geschieht, ist der Bau eines so genannten Turmbahnhofs unumgänglich. Die Bahnverwaltungen versuchen möglichst, solche Bauwerke zu vermeiden, denn sie sind nur mit hohem gestalterischen Aufwand umzusetzen. Das gilt nicht nur für die Treppen– bzw. Liftanlagen, um die Möglichkeit des Übergangs von einer Ebene auf die nächste zu schaffen, sondern auch für die ausgedehnten Verbindungsgleise zwischen beiden Ebenen, um den Niveauunterschied auszugleichen. Und so gibt es in Deutschland auch nur recht wenige davon.

Güterglück also ist ein solcher Turmbahnhof. Oder sollten man besser sagen, er war es? Denn das obere Kreuzungsgleis, die Verbindung Berlin-Wannsee - Güsten (auf der Ansichtskarte zu sehen), ist seit 2004 zwischen Wiesenburg und Barby stillgelegt, das Gleis zum Teil schon abgebaut. Es handelt sich hierbei um einen Abschnitt der Kanonenbahn Berlin - Blankenheim - Metz, von der schon öfter in diesem Buch die Rede war. Für ihn wird es, so wie es aussieht, wohl keine Zukunft geben.
Die untere Kreuzungsebene hingegen, die Verbindung Roßlau - Biederitz - Magdeburg, erfreut sich bester Gesundheit. Nicht jedoch der Bahnhof, der längst aufgegeben wurde, mit Grundwasser zu kämpfen hat und vor Vandalismus nur unzureichend gesichert ist. So hat der Name der Bahnstation offensichtlich kein Glück gebracht.

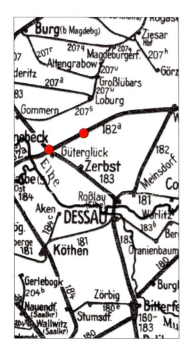

Lindau (Anh).

Der Bahnhof Lindau (Anh) - die Karte zeigt ihn um 1910 - lag am Kilometer 102,0 des Kanonenbahn-Abschnitts Wiesenburg - Güterglück. Zum Redaktionsschluss sind Männer mit Baggern dabei, im Bahnhofsbereich die Gleise aus dem Bett zu reißen und der Strecke hier wohl für immer den Garaus zu machen.
Interessant ist ein Ereignis aus dem Jahre 1940, das in dem Buch *Kanonenbahn Berlin - Sangerhausen* aus demselben Verlag noch nicht erwähnt werden konnte. Am 22. Oktober dieses Jahres geriet morgens gegen sechs Uhr die 17 1127 (eine preußische S 10[1]) mit einem Truppenversorgungszug nach Frankreich infolge von Unachtsamkeiten ins recht kurze Ladegleis des Bahnhofs und bohrte sich mit rund 45 km/h in das Empfangsgebäude. Der noch schlafende Dienststellenleiter erwachte recht unsanft auf dem Kessel der Lok. Dieses Ereignis ist sogar durch Fotos belegt. Das Personal der Lok konnte rechtzeitig abspringen, der Dienststellenleiter (dessen Tochter dem Verlag nach Erscheinen des vorgenannten Buches von Jürgen Krebs diese Informationen zukommen ließ) kam mit dem Schrecken davon, so dass niemand ernsthaft verletzt wurde. Am Gebäude entstand allerdings erheblicher Sachschaden, die nachfolgenden Instandsetzungsarbeiten sind bis in die Gegenwart noch zu erkennen.
In den Wohn-, Dienst- und Galaräumen des Bahnhofs kann man heute übernachten, gemütlich sitzen, lecker essen und ein Bier trinken. „Anne's Bahnhofsgaststätte" macht's möglich - auch ohne Bahnhof.

Gruss vom Bahnhof Barby

Ein trauriges Beispiel dafür, dass es auch Hauptbahnen an den Kragen gehen kann, liefert die Kanonenbahn. Zug 632 fuhr 1939 bis in die Eisenbahnerstadt Güsten.

Barby.

Die Geschichte dieses Bahnhofs hat leider kein Happy End. Die 9.000 Einwohner zählende Kleinstadt Barby liegt am linken Ufer der Elbe, ein paar Kilometer nördlich der Saalemündung. Der prächtige Bau ist ein typisches Kanonenbahn-Empfangsgebäude, das man in gleicher Ausführung noch mehrmals finden kann, zum Beispiel in Hettstedt oder Klostermansfeld. Doch nur in Barby konnte man es bis zuletzt noch weitgehend im Originalzustand bewundern. Leider verwahrloste es in den letzten Jahren, denn seit 2004 ist der Bahnhof ohne Reisezugverkehr. Zuletzt fuhr hier lediglich noch das Wochenendzugpaar Berlin - Wernigerode, das Ausflügler aus der Großstadt in den Harz und abends auch wieder zurück brachte. Genutzt wird das Gebäude allerdings schon seit 1992 nicht mehr. 2011 wurde es an Privat verkauft. Mitte Mai 2014 brannte es dann bis auf die Grundmauern aus. Seitdem ist es einsturzgefährdet.

Das abgebildete Exponat zeigt den Bahnhof in besseren Zeiten. Es handelt sich um eine Ansichtskarte des 1874 gegründeten Weltpostvereins, die jedoch postalisch nie gelaufen ist. Dankenswerterweise hat der Verlag allerdings das Erscheinungsdatum abgedruckt, weshalb wir heute wissen, dass sie den Zustand des Bahnhofs von 1904 oder kurz davor dokumentiert.

Durch einen Verwaltungsakt hat Barby übrigens seit dem 1. Januar 2010 wieder einen Bahnhof, an dem Reisezüge halten: Mit diesem Tag wurden in die neu gebildete Stadt Barby - vorher hieß sie *Barby (Elbe)* - eine Reihe von umliegenden Orten eingemeindet. So auch das etliche Kilometer entfernte Sachsendorf, mitsamt seinem Bahnhof an der Strecke Magdeburg - Leipzig.

Calbe ist gar nicht so groß, dass es gleich zwei Bahnhöfe bräuchte, doch (vermutlich) durch den mangelnden Einigungswillen zwischen den beiden Bahngesellschaften, die sie betrieben, ist es nie dazu gekommen, einen gemeinsamen zu bauen. So kreuzen sich denn die Strecken, an denen Calbe (Saale) Ost (früher Grizehne) und Calbe (Saale) West (früher Calbe Stadt) liegen, nördlich des Ortes mit Hilfe eines unscheinbaren Brückenbauwerks. Zuerst war der Ostbahnhof da. Der liegt an der Verbindung Magdeburg - Leipzig, die von der Magdeburg-Leipziger Eisenbahn-Gesellschaft 1839 bis zur (noch fehlenden) Saalebrücke südlich von Calbe eröffnet worden war. Der auf der Ansichtskarte zu sehende Stadtbahnhof kam erst 1879 mit der Kanonenbahn Berlin - Blankenheim dazu. Das kann der Bahnhof auch nicht verheimlichen - die Ähnlichkeiten zum Nachbarbahnhof Barby (siehe links) sind augenfällig.

Calbe (Saale) West.

Der Westbahnhof besaß einst umfangreiche Gleisanlagen, die zum großen Teil für den reichlichen Güterumschlag genutzt wurden und in Spitzenzeiten oft nicht ausreichten. Ein wichtiges Handelsgut war dabei die Zwiebel. Die wurde in der Gegend schon seit 1591 (!) angebaut, und durch die guten Böden mit solchem Erfolg, dass sie der Stadt den Spitznamen „Bollen-Calbe" einbrachten. In den 1930-er Jahren gingen von den beiden Ladestraßen des Bahnhofs Calbe (Saale) West ständig Zwiebeltransporte in die umliegenden Großstädte, insbesondere nach Berlin.
Davon ist nichts geblieben. Güter werden hier nicht mehr umgeschlagen. Heute ist der Bahnhof zum Haltepunkt der Nebenbahn Calbe - Bernburg herabgestuft.

Kohlfurt heißt heute Węgliniec und liegt in Niederschlesien (Polen). Sein Weg dorthin führte Zug 676 auch über Bernburg.

Bernburg.

Von Calbe sind es nur 15 Bahnkilometer bis nach Bernburg. Die Kreisstadt liegt an der Saale und außerdem fast genau in der Mitte zwischen den beiden Großstädten Magdeburg und Halle.

Seinen ersten Bahnanschluss bekam Bernburg 1846 mit der Eröffnung der Bahnstrecke nach Köthen. Sein ansehnliches Bahnhofsgebäude steht aber erst seit 1865, gebaut mit der Eröffnung des Streckenabschnitts nach Aschersleben durch die Magdeburg-Halberstädter Eisenbahngesellschaft, welche die Strecke inzwischen von der 1845 gegründeten Anhalt-Cöthen-Bernburger Eisenbahn übernommen hatte. Vorher hatte die Stadt nur über einen kleineren und ungünstigerweise als Sackbahnhof angelegten Eisenbahnhalt verfügt.

Die vorsichtig nachcolorierte Ansichtskarte mit den gepflegt wirkenden Bahnanlagen wurde am 20.11.1911 abgestempelt und lief nach Kamenz. Auf ihr kaum zu sehen: Links vom Hauptbau besaß das Empfangsgebäude einen besonderen Wartesaal für Fahrgäste „mit Staatscharakter", die hier Station machten.

Heute ist dem Bahnhof das Schicksal so vieler seiner Artgenossen, völlig verwahrlost einer unsicheren Zukunft entgegenzusehen, zum Glück erspart geblieben. Er wurde umfassend saniert, präsentiert sich somit in alter Schönheit und beheimatet neben Geschäftsstellen der Deutschen Bahn auch Gewerbe- und Büroräume.

Im Personenverkehr besitzt er mit den Strecken nach Könnern, Aschersleben, Köthen und Calbe freilich nur eine regionale Bedeutung, doch sein Güterverkehr ist schon beachtlich. Hauptgüterkunde sind die gleich neben dem Bahnhof liegenden Solvay-Werke.

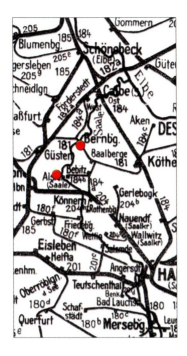

BAHNHOF — ALSLEBEN A. SAALE

Alsleben.

Auch die Bahnstrecke Bebitz - Alsleben ist so eine von den winzigen Verbindungen, die heute in der Erinnerung der Menschen vollkommen verblasst wären, gäbe es nicht wenigstens noch eine Bahnhofsstraße, ein erhalten gebliebenes Fahrzeug oder ein Gebäude, das dem Abriss entgangen ist und eine neue Aufgabe bekommen hat. Für Alsleben, eine Kleinstadt am Westufer der Saale, gelten sogar alle drei Merkmale.

Niemand käme heute auf die Idee, eine Bahnstrecke zwischen zwei solch eher unbedeutenden Orten zu bauen, um dort Personen- und Güterverkehr zu betreiben. Doch die Zeiten haben sich geändert. Als diese Strecke 1908 mit etwas Verzögerung in seiner Gesamtlänge von gerade mal 8 km eröffnet wurde (die rechts zu sehende Saalebrücke hatte die Kosten in die Höhe getrieben und die Bauzeit verlängert), glaubte die Kleinbahn-AG Bebitz–Alsleben (KBA) durchaus daran, dass sich so ein Projekt rechnen würde. Und tatsächlich entwickelte sich diese Bahnstrecke zu einer der lukrativsten der damaligen Provinz Sachsen. Regelmäßig bekamen ihre Aktionäre eine ansehnliche Dividende ausgezahlt. Doch die Zeiten änderten sich eben. Zuerst blieben die Fahrgäste aus, später auch die Güter. Seit 1995 fährt hier nichts mehr.

Der Bahnhof Alsleben, am Ortsrand und direkt an der Saale gelegen, wurde nicht abgerissen und beherbergt heute - vorzüglich instand gesetzt - einen Kindergarten. Die Lok 89 6024 jedoch, die ab 1949 auf dieser Strecke (zunächst als Lok 269 der KBA) fuhr, tut das jetzt wieder, und zwar im Deutschen Dampflok-Museum Neuenmarkt-Wirsberg, nachdem sie in Meiningen betriebsfähig aufgearbeitet worden war.

Könnern.

Könnern wurde bis 1911 mit C geschrieben, wie auf der Ansichtskarte aus dem Jahre 1901 auch zu lesen ist. Die Kleinstadt liegt an der Hauptbahn Halle - Halberstadt - Vienenburg. Seit 1871 kann man hier in einen Zug steigen. 1889 kam die Nebenbahn nach Baalberge hinzu und 1916 schließlich die Kleinbahn nach Rothenburg direkt bis an das Ufer der Saale. Ganz in der Nähe des Bahnhofs siedelten sich Industriebetriebe an, die zum Teil noch heute existieren. Die Bahn brachte Könnern wirtschaftlich zum Erblühen. Auf der Karte erkennt man deshalb auch zahlreiche Gleise für den Güterverkehr. Bis heute werden die von Könnern abgehenden Gleise alle mit Güterzügen befahren. Den Personenverkehr bedienen die Züge des *HarzElbeExpress*.

Doch auch das Empfangsgebäude strahlt bei aufmerksamem Hinsehen Lebendigkeit aus. Unter dem heute nicht mehr existierenden Bahnsteigdach scheint hinter der Bahnsteigsperre eine florierende Restauration seinen Betrieb aufgenommen zu haben. Gleich zweimal kann man die Bahnhofsanschrift „Cönnern." lesen, also mit einem Punkt hinter dem Namen. Nicht nur in der damaligen preußischen Provinz Sachsen war das um die Jahrhundertwende eine gebräuchliche Diktion.
Diese Punkt-Schreibweise bei einzeln stehenden Eigennamen wurde vermutlich mit der Umsetzung der Beschlüsse der *II. Orthographischen Konferenz zur Vereinheitlichung der deutschen Rechtschreibung*, die 1901 in Berlin stattfand, sukzessive abgeschafft, hielt sich bei einigen Bahnhöfen jedoch sogar bis in die Gegenwart. Die verwendeten Emailleschilder waren eben teuer, dafür aber langlebig.

Von Halle (Saale) bis Löhne in Westfalen ist die Entfernung nicht gerade kurz, doch die Karte mit diesem Stempel reiste nur bis Cochstedt in den dortigen „Gasthof zum schwarzen Adler" und hat deshalb vermutlich in Aschersleben Zug 528 schon wieder verlassen. Selbstverständlich wurde sie noch am selben Tage (!) zugestellt. Service im Jahre 1902.

Belleben.

Sogar zwei Hunde sind gekommen (Sehen Sie den zweiten?), um für dieses Foto bei schönstem Sonnenschein vor dem gepflegt wirkenden Empfangsgebäude des Bahnhofs Belleben zu posieren. Ein Hallenser Atelier hat daraus diese Ansichtskarte gemacht. Die Echtfoto-Aufnahme muss in den 1920-er Jahren entstanden sein, denn die Karte ist am 12. März 1930 nach Leipzig gelaufen und wurde damals mit Zug 525 transportiert.

Belleben ist nicht sehr groß. Etwa 1000 Einwohner haben sich hier niedergelassen. Der Ort liegt am nördlichen Rand der sogenannten *Halle-Hettstedter Gebirgsbrücke*, einer sattelartig aufgewölbten geologischen Formation aus dem Erdaltertum. Die Saale ist nicht weit.

1871, als die Bahnstrecke Aschersleben - Könnern als Teil der Verbindung von Vienenburg nach Halle (Saale) in Angriff genommen wurde, bekam Belleben seinen Bahnanschluss. Das lag eher an der zufällig günstigen Lage direkt an der Trasse als an der wirtschaftlichen Bedeutung des Ortes, obwohl es dort zu dieser Zeit bereits eine kleine Zuckerfabrik und eine Werkstatt für landwirtschaftliche Maschinen gab. Ursprünglich war über eine Trasse ein Stück weiter nördlich nachgedacht worden - das Städtchen Alsleben hatte sich dafür stark gemacht - doch die topografischen Gegebenheiten und die Gefahr eines häufigen Saalehochwassers bewogen die Magdeburg-Halberstädter Eisenbahn, sich für die Streckenführung über Sandersleben und Könnern zu entscheiden.

Heute ist aus dem Bahnhof ein Wohnhaus geworden und Belleben hat einen einfachen Haltepunkt mit einem langweiligen Bahnsteig in angemessener Entfernung zum einstigen Empfangsgebäude bekommen.

Löbejün.

Die Kleinstadt mit dem schönen Namen hatte Pech gehabt, als die Halberstadt-Magdeburger Eisenbahn die Strecke von Halle nach Aschersleben einmessen und bauen ließ, die Züge donnerten fortan ein paar Kilometer westlich an der Ortschaft vorbei. Doch die florierende Industrie rund um Löbejün und das nicht weit entfernte Gröbzig riefen immer lauter nach einem Bahnanschluss. Braunkohle, Steinbrüche und Zuckerfabriken sahen keine andere Möglichkeit, als ihre Produkte per Bahn zu transportieren, wenn sie überleben wollten. Zahlreiche Hindernisse mussten aus dem Weg geräumt werden, bis am 24. Januar 1899 die Nauendorf-Gerlebogker Eisenbahn-Gesellschaft (NGE) gegründet wurde, nachdem endlich alle erforderlichen Genehmigungen für einen Bahnbau vorlagen. Im Oktober 1900 fuhren die ersten Bahnen zwischen Nauendorf und Gerlebogk, jedoch waren es eben vor allem Güterzüge, die die Strecke am Leben hielten. Der Personenverkehr war immer verschwindend gering, zeitweise fuhren überhaupt keine Reisezüge.

Löbejüns Bahnhofsgebäude war dafür beachtlich dimensioniert, denn hier saß auch die Betriebsleitung der NGE. Außerdem gehörte zu den Anlagen noch ein zweigleisiger Lokschuppen für das Abstellen und Warten der Triebfahrzeuge. Der Bahnhof selbst war aus topografischen Gründen als Spitzkehre angelegt worden, das heißt, dass alle ankommenden Züge nur mit Fahrtrichtungswechsel wieder ausfahren konnten.

Der Reiseverkehr ging der Strecke schon 1963 verloren, ein bescheidener Güterverkehr hält sich auf dem ersten Streckenabschnitt bis heute.

Gröbzig i. Anh. — Bahnhof

Gröbzig (Anh).

Von Löbejün zuckelte man eine knappe halbe Stunde bis Gröbzig, dem letzten Unterwegshalt vor dem Endbahnhof Gerlebogk (was in der Praxis nicht ganz stimmte, denn die Züge fuhren lange Jahre über die Preußlitzer Kohlenbahn weiter bis Biendorf an der Strecke Köthen - Bernburg). Für eine 6,6 km lange Verbindung nicht eben flott. Viermal am Tag konnte man das im Eröffnungsjahr 1900 tun.

Gröbzig ist ein kleines Städtchen (etwa 3000 Einwohner) an der Fuhne, einem Nebenfluss der Saale und auch der Mulde, denn schon kurz hinter ihrer Quelle teilt sie sich. Der westliche Arm streift Gröbzig.

Der Ort hatte lange darauf gewartet, aber letztlich klappte es doch - am 6. Juni 1900 erreichten ihn die Gleisbaurotten. Dann ging es schnell. Einen Monat später kamen die Bauzüge, und am 18. Juli (einem Mittwoch) konnten kurz nach Sonnenaufgang die sicherlich neugierigen Reisenden den ersten Frühzug nach Nauendorf besteigen.

Auf der wunderschönen Karte aus dem Jahre 1916 sieht man eine preußische T3, wobei es sich entweder um die LÖBEJÜN, die GRÖBZIG oder die HOHENZOLLERN handeln muss, denn andere Maschinen besaß die Nauendorf-Gerlebogker Eisenbahn damals nicht. Das markante Gebäude hinter der Lok war der Wasserturm des Bahnhofs, der übrigens noch immer steht, obwohl seit dem 1. Januar 1974 keine Züge mehr Gröbzig erreichen und die Gleise schon kurz darauf abgebaut wurden.

Das Empfangsgebäude nutzte man noch eine Zeit lang als Wohnhaus. Heute beherbergt es - vorbildlich erhalten und schon von weitem als (ehemaliger) Bahnhof erkennbar - ein Ingenieurbüro.

Köthen.

Köthen (von 1885 bis 1927 Cöthen, vorher waren beide Schreibweisen üblich) ist *die* Bahnhofsstadt schlechthin. Hier lässt sich noch heute ein deutschlandweit einmaliges Ensemble mit vier Empfangsgebäuden und weiteren Anlagen aus verschiedenen Epochen bewundern.

Als die privaten Eisenbahngesellschaften das Land erschlossen, war es nichts Ungewöhnliches, in den Orten, in denen sie sich trafen, eigene Bahnhofsgebäude zu bauen und nicht das einer fremden Bahngesellschaft mitzunutzen. Als im Jahr 1840 die Berlin-Anhaltische Eisenbahn-Gesellschaft (BAE) Köthen erreichte, traf sie hier auf die Strecke der Magdeburg-Cöthen-Halle-Leipziger Eisenbahn-Gesellschaft (MLE), die wenige Monate zuvor an den Start gegangen war. Ein Ereignis von historischem Rang: Damit war Cöthen der erste Eisenbahnknoten der deutschen Länder überhaupt. Und er wuchs noch weiter an. 1846 wurde die Strecke aus Bernburg fertig, 1890 die nach Aken, 1896 eine Kleinbahn nach Zörbig.

Die ersten beiden Bahnhöfe der Stadt lagen sich direkt gegenüber, ohne dass eine Verbindung zwischen ihnen existierte. Sie waren im Stil des Klassizismus ausgeführt, genügten jedoch um 1860 den Anforderungen des gewachsenen Bahnverkehrs nicht mehr, weshalb zwei neue entstanden, diesmal im neogotischen Stil. Das oben abgebildete (die Karte stammt von 1906) ist eines davon. Sein Vorgänger aus dem Jahre 1840 wurde übrigens nicht abgerissen und ist bis heute erhalten, wenn auch baulich verändert. Er beherbergt ein Tanzlokal.

1915-1917 entstand im Jugendstil das noch heute genutzte Empfangsgebäude. Endlich hatte man die ungünstige Lösung mit verschiedenen Bahnhöfen überwunden.

Eine der seltenen Ansichtskarten, die den Dessauer Hauptbahnhof von der Gleisseite zeigen, gestempelt im Jahre 1912, um auf die Reise nach Leipzig zu gehen.

Die Szenerie erscheint seltsam unwirklich, denn kein Leben ist zu sehen, und das auf einem bedeutenden Knotenbahnhof mit vielen Reisemöglichkeiten. Weder auf dem Hausbahnsteig noch auf den Inselbahnsteigen tummeln sich Menschen. Auch aus dem Zug schaut niemand heraus. Nur der Schlot im Hintergrund deutet darauf hin, dass in dieser Stadt Leute wohnen.

Links hinter der Bahnsteighalle ist das herrliche Empfangsgebäude zu erkennen. Dreiunddreißig Jahre später, am 7. Mai 1945, also genau einen Tag vor Kriegsende, wird es in Trümmern liegen, getroffen und besiegt von einem fürchterlichen anglo-amerikanischen Bombenhagel, dem über 80 % des Stadtgebiets zum Opfer fallen.

Gebaut wurde der Bahnhof in den Jahren 1874 bis 1876,

Dessau Hbf.

nachdem der alte für die rasch gestiegenen Verkehrsbedürfnisse der prosperierenden Stadt zu klein geworden war. Sein Architekt hieß Franz Heinrich Schwechten und war ein großer seiner Zunft, unter anderem stammten die Berliner Kaiser-Wilhelm-Gedächtniskirche und der Anhalter Bahnhof von ihm.

Nach Kriegsende wurde Dessaus Hauptbahnhof schnell wieder aufgebaut, allerdings strahlt das neue, 2011 restaurierte Bahnhofsgebäude keineswegs mehr den Glanz des Schwechtenschen Historismus aus. Schlicht, schnörkellos und streng kommt es daher. Das Dessauer Bauhaus lässt grüßen.

In seinem Bauch vertreiben heute gleich mehrere, ständig wechselnde Ausstellungsflächen die Wartezeit.

Raguhn.

Diese Karte ist (wie unser Titelbild auch) eine absolute Rarität, zeigt sie doch die Anfänge der elektrischen Traktion in Deutschland. Ein Zug, bespannt mit einer der fünf preußischen Versuchsloks für den Güterverkehr, wobei es sich um die EG 505 handeln könnte, steht in Raguhn. Dieser Bahnhof war auch interessant im Hinblick auf die Erprobung der Fahrleitungstechnik, für die bisher nur wenige Erfahrungen vorlagen. Der Nordabschnitt der Versuchsstrecke, also Dessau - Raguhn, war von den Siemens-Schuckert-Werken ausgerüstet worden, während die AEG für den Südabschnitt Raguhn - Bitterfeld zuständig war. Am rechten Bildrand ist sehr schön noch eines der festen Eisenjoche zu sehen, an denen die Fahrleitung beider Systeme befestigt war. Sie konnten sich bei der Deutschen Reichsbahn im Gegensatz zu anderen Bahnverwaltungen nicht durchsetzen und wurden später durch Einzelmasten ausgetauscht, bei anderen Bahnverwaltungen findet man sie hingegen schon. Damals setzte man die Fahrleitung übrigens an gefährlichen Stellen (etwa unter Brücken) zum Schutz der Bevölkerung nur dann unter Strom, wenn ein Zug die Strecke befuhr.

Den Bahnhof Raguhn hat die Deutsche Bahn vor ein paar Jahren aufgegeben, als sie die Station zum Haltepunkt degradierte und ein paar hundert Meter entfernt neue Bahnsteige baute. Diese stattete sie übrigens zunächst mit den Schildern „Raghun" aus, korrigierte den Fauxpas nach Protesten aus der Bevölkerung jedoch bald wieder.

Die Gemeinde versucht derweil, eine neue Nutzung für das betagte Empfangsgebäude zu finden. Zunächst war die Einrichtung einer Begegnungsstätte und eines Jugendclubs im Gespräch, doch daraus wurde nichts.

Jeber-Bergfrieden.

Diese interessante Hochformatskarte zeigt einen Bahnhof ausnahmsweise gleich von beiden Seiten. Auch sie wurde, wie unschwer erkennbar, auf Initiative des Bahnhofswirts herausgegeben, der sich davon sicherlich eine gewisse Werbewirkung für seine Gaststätte erhoffte. Ob er damit Erfolg hatte, wird wohl für immer ein Geheimnis bleiben. Aber auch sonst scheint er recht geschäftstüchtig gewesen zu sein, denn man kann gleich vier Werbeplakate erkennen, die er an der Fassade des Gebäudes oder am Zaun befestigt hat.

Auch das Örtchen mit dem anheimelnden Namen ist - wie man sich denken kann - mit seinen vielleicht 650 Einwohnern längst keine selbstständige Gemeinde mehr, sondern ein Ortsteil der Stadt Coswig. Namensgebend war im Übrigen ein heute nicht mehr vorhandener Bergfried. Seinen Haltepunkt hingegen wird das Dorf in absehbarer Zeit (wahrscheinlich) nicht verlieren, denn er liegt an der nicht einstellungsgefährdeten elektrifizierten und zweigleisigen Bahnstrecke Wiesenburg - Roßlau.

Diese war für eine Hauptbahn sehr spät, nämlich erst im Jahre 1921 (von Süden bis Jeber-Bergfrieden) bzw. 1923 (bis Wiesenburg) eröffnet worden. Damit existierte endlich eine deutlich kürzere Verbindung zwischen Berlin und Dessau/Halle/Leipzig als bisher.

Die Karte trägt einen Stempel vom 28.4.1929 und zeigt damit den Bahnhof noch in fast neuem Zustand. Im Laufe der Jahre sind einige kleinere Umbauten an ihm durchgeführt wurden. Außerdem besteht heute erheblicher Sanierungsbedarf, das Gebäude wird nicht mehr genutzt. Wenigstens aber wurden seine beiden Bahnsteige in den Jahren 2012 und 2014 umfassend erneuert, wofür das Land Sachsen-Anhalt im Rahmen des von ihm seit 2010 aufgelegten *Bahnhofsprogramms* immerhin eine Summe von 500.000 Euro ausgegeben hat.

Lutherstadt Wittenberg.

Wer Wittenberg kennt, der weiß, dass der (Haupt-) Bahnhof nicht gerade günstig zum Ortskern gelegen ist. Das mag viele Gründe haben. Der vielleicht wichtigste aber ist, dass Wittenberg eine Festungsstadt war, als die Gleisbauer 1841 kamen, übrigens mit dem Bau gleich zweier Strecken, nämlich am 28. August aus Coswig (Anh.) und am 10. September aus Jüterbog. Somit blieb der Bahnhof außerhalb der Festungsmauern, und zwar in gebührendem Abstand. 1859 folgte noch die Strecke nach Bitterfeld und 1875 eine nach Falkenberg, sodass die Lutherstadt zu einem bedeutenden Eisenbahnknoten herangewachsen war.

Der Bahnhof selbst blieb freilich irgendwie immer ein Problem - im Jahre 1877 hatte die Stadt bereits ihr drittes Empfangsgebäude, das oben auf der Karte, die um 1910 entstanden sein muss, zu sehen ist. Der (einst) prachtvolle, innen an eine Basilika erinnernde Bau steht heute noch, war allerdings durch die Zerstörungen, die er im Zweiten Weltkrieg hinnehmen musste, erst auf den zweiten Blick als derselbe zu erkennen. Die Fassade erschien zuletzt glatt und fast jeglicher zierender Elemente beraubt, sein Inneres stammte vollständig aus der Nachkriegszeit, denn 1945 hatten nur noch die Außenmauern gestanden. Wir müssen die Vergangenheitsform wählen, denn ehrgeizige Pläne liegen auf dem Tisch. Schon wieder soll ein neues Empfangsgebäude her, das alte wird zum Redaktionsschluss gerade abgerissen. Ein umweltfreundlicher „Grüner Bahnhof" ist der Traum von Politik, Stadt und Bahn. Eigentlich sollte er bei Erscheinen dieses Buches längst stehen, nun ist 2017 als Eröffnungstermin vorgesehen, pünktlich zum Reformationsjahr.

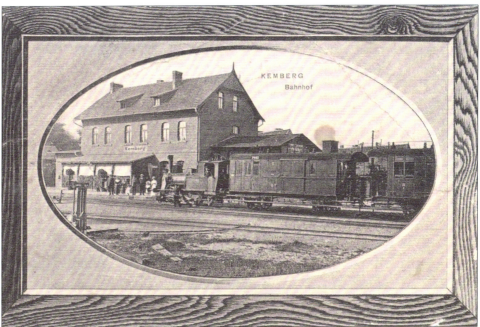

Von Lutherstadt Wittenberg machen wir zum Schluss noch einen Abstecher in Richtung Süden; auf der Hauptstrecke Berlin - Halle erreichen wir schnell den Bahnhof von Bergwitz. Von hier aus betrieb einst die Kleinbahn Bergwitz - Kemberg G.m.b.H. eine nur 6 km lange Strecke.

Oft erweckte die Existenz einer nahen Bahnstrecke bei Orten, denen ein Anschluss daran zunächst versagt geblieben war, entsprechende Begehrlichkeiten. Für Kemberg galt das auch. Und so war am 23. März 1899 die Genehmigung zum Bau einer normalspurigen Eisenbahn von Bergwitz nach Kemberg erteilt worden. Im Juni 1902 rückten die Gleisarbeiter an. Da es keine ernsthaften topografischen Hindernisse zu überwinden galt, waren die Bauarbeiten schon Ende des Jahres fertig; am 10. Februar 1903 wurde eröffnet (und 1951 stillgelegt).

Die Karte ist nie gelaufen und auch sonst nicht datiert,

Kemberg.

aber Drucktechnik und Stil verraten uns, dass sie etwa 1910 herausgegeben worden sein muss. Sie zeigt somit den Alltagsbetrieb der frühen Jahre. Hinter dem Zweikuppler (gebaut 1902 bei Henschel) ist ein schöner zweiachsiger kombinierter Post-/Packwagen zu erkennen, ganz rechts im Anschnitt ein III.-Klasse-Personenwagen. Der Zug ist aus Richtung Bergwitz eingefahren und hat noch nicht gewendet. Links, nicht mehr im Bild zu sehen, befand sich ein zweiständiger Lokschuppen. Hinter dem Zug kann man rechts vom Empfangsgebäude gerade noch so einen ansehnlichen Güterschuppen erkennen. Heute sucht man diese Gebäude leider vergeblich; 1995 mussten sie - obwohl denkmalgeschützt - einem Supermarkt Platz machen.

Halle (Saale) und südliches Sachsen-Anhalt

Das Gebiet zwischen Bitterfeld im Norden, Halle (Saale) im Westen und Großkorbetha im Süden nennt man das Mitteldeutsche Chemiedreieck. Die Erdöl verarbeitende Industrie hat hier eines ihrer Zentren in Deutschland. Städte mit großen Industrieanlagen wie Schkopau, Leuna und Merseburg prägen seinen Charakter.

Die Geschichte dieses industriellen Ballungsgebietes begann in der Zeit des Ersten Weltkriegs. „Wer während des Krieges im Jahre 1916/17 die Frankfurt-Berliner Strecke mit der Eisenbahn durchfuhr, sah zwischen Corbetha und Merseburg mit märchenhafter Geschwindigkeit ein Werk in riesigen Ausmaßen aus dem Boden wachsen", schreibt die Betriebschronik der Leuna-Werke im Jahre 1922. Auch heute noch ist dieser Blick aus dem Zugfenster, wenn man Halle verlassen hat und die kilometerlangen Industrieanlagen vorbeiziehen, beeindruckend.

Für die Eisenbahn bedeutete dies eine echte Herausforderung: ausgedehnte Güterbahnhöfe, ein engmaschiges Netz an Stationen und eine hohe Zugdichte waren logistisch zu bewältigen - und sind es noch heute. Früher übernahm die Schiene zusätzlich noch fast allein die großen Anforderungen an den Berufsverkehr, um die vielen Menschen zu ihren Arbeitsplätzen und wieder nach Hause zu bringen.

Welch ein Kontrast zur nahen Gegend des Weinbaus rund um Naumburg (Saale)! Schon kurz vor Einfahrt in den Bahnhof Weißenfels begegnen uns die ersten Weinhänge, und nachher bekommt die Landschaft einen fast lieblichen Charakter. Hier wird seit über 1000 Jahren Wein gelesen. Das Saale-Unstrut-Gebiet gilt als das nördlichste Qualitätsweinanbaugebiet Deutschlands und reicht bis Westerhausen am Nordharz! Eisenbahn und Wein vertragen sich hier ausgezeichnet. Und wer beides zugleich genießen will, der steige in die Unstrutbahn ...

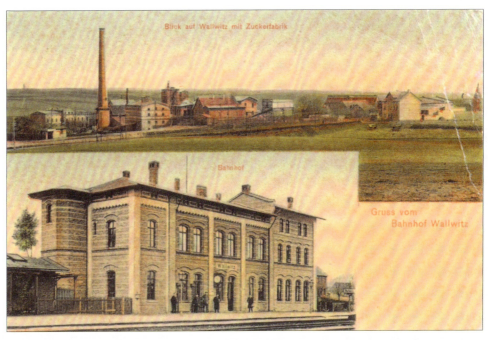

Wallwitz (Saalkr).

Unsere Etappe durch die Region rund um Halle (Saale) beginnt in Wallwitz, einem kleinen Ort im Saalekreis mit gut 1100 Einwohnern. Er bekam am 1. Oktober 1872 seinen Bahnhof. An diesem Tag eröffnete die Magdeburg-Halberstädter Eisenbahn-Gesellschaft (MHE) nämlich die Bahnstrecke Halle (Saale) - Könnern. Dabei hätte es die nur ein paar Kilometer entfernte und viel bedeutendere Kleinstadt Wettin mit ihrer berühmten Stammburg der Markgrafen, Kurfürsten und Könige von Sachsen, den Wettinern, sehr gerne gesehen, wenn die Strecke dort entlang gebaut worden wäre. Doch für die MHE sprachen gewichtige Gründe dagegen. Die Verbindung wäre länger und komplizierter, also teurer geworden. Vor allem aber wäre sie unsicherer gewesen, denn Wettin liegt unmittelbar an der Saale, und die führte damals in schöner Regelmäßigkeit Hochwasser. Keine guten Bedingungen also für eine Bahnstrecke. Wettin speiste man mit einer Postkutschenverbindung zum nächsten Bahnhof ab. Doch die Wettiner waren hartnäckig und ließen sich von ihrem Ziel, einen Bahnanschluss zu bekommen, nicht abbringen, was 1903 endlich gelang. Unmittelbar hinter dem schönen Wallwitzer Empfangsgebäude (auf der Straßenseite) erreichte das Gleis der Kleinbahn-AG Wallwitz - Wettin den Bahnhof und die Strecke der Staatsbahn. Für die Fahrgäste aus Wettin oder den beiden Unterwegsbahnhöfen Beidersee und Raunitz-Gimritz entstand der Haltepunkt Wallwitz West, von dem es nur wenige Schritte zum Staatsbahnhof (die MHE gehörte inzwischen dem preußischen Staat) waren. Den Namen *Wallwitz (Saalkr)* führt der Bahnhof übrigens erst seit 1938. Vorher genügte *Wallwitz*.

Halle (Saale) Hbf.

Von Wallwitz sind wir auf der Halberstädter Strecke schon bald in Halle an der Saale und erreichen die Bahnhofsgleise in einem langen Rechtsschwenk, wobei wir die Verbindungen aus Magdeburg und Berlin auf einem Brückenbauwerk überqueren. Auf dem Bahnhofsvorplatz, oben zu sehen, machen sich die beiden damals gängigen städtischen Verkehrsmittel Konkurrenz.

Die Geschichte der Hallenser Bahnhöfe - es gab einige, bevor der heutige Hauptbahnhof eröffnet wurde - füllt ein Buch, deswegen wollen wir an dieser Stelle gar nicht erst versuchen, sie in aller Kürze aufzuarbeiten. Der Hauptbahnhof bildet den Kern eines Eisenbahnknotens, in den aus sieben Richtungen Strecken einfädeln. Das heutige Empfangsgebäude stammt von 1890, fünf Jahre hatte man daran gebaut. Genau fünfzig Jahre zuvor war die Stadt an die Eisenbahn angeschlossen worden. Heute ist Halle (Saale) der bedeutendste Bahnknoten in ganz Sachsen-Anhalt.

Der Hauptbahnhof ist als Inselbahnhof angelegt (auf der Ansichtskarte zumindest andeutungsweise zu sehen), was bedeutet, dass er vollständig von Gleisen umschlossen wird. Dies war ein Ergebnis der Tatsache, dass zu Baubeginn noch zwei private Bahngesellschaften, (die Thüringer und die Berlin-Anhaltische Eisenbahn) existierten, die nicht eben gerne kooperierten.

So, wie er jetzt ist, wird der Hallenser Hauptbahnhof nicht bleiben. Zu Redaktionsschluss wirft ein riesiges Investitionsprogramm (Volumen: mehr als eine halbe Milliarde Euro) seine Schatten voraus. Der Bahnknoten wird in den Jahren 2016/17 vollständig umgebaut und danach nicht mehr wiederzuerkennen sein.

Bahnhof Heide in der Hallischen Heide bei Halle a. d. Saale

Halle (Saale) Heidebf.

Auch im mitteldeutschen Chemiedreieck gab es kleine, verträumte Bahnhöfe wie diesen hier. Bei den Hallensern hieß er immer nur Heidebahnhof. Er erschloss die Dölauer Heide, das einzige Naherholungsgebiet der Industriestadt. Es liegt am Westrand Halles und umfasst eine Fläche von 740 Hektar.

Entstanden ist der Bahnhof zwischen 1894 und 1896, als die neue Bahnstrecke Halle-Klaustor – Hettstedt von der Halle-Hettstedter Eisenbahn-Gesellschaft (HHE) gebaut wurde, die am 22. Mai 1896 ihren Betrieb aufnahm (*siehe S. 98 den Bf Gerbstedt!*). Sie wollte das verkehrstechnisch schwach entwickelte Gebiet zwischen Halle und dem Raum Mansfeld besser erschließen. Das hatte vor allem für den Güterverkehr Bedeutung. Die Personenbeförderung beschränkte sich im Wesentlichen auf den Berufs- und den Ausflugsverkehr in die Heide. Ein gut abgestimmter Wochenendbetrieb brachte die Hallenser in das beliebte Erholungsgebiet, was in den 1920-er Jahren die Dimension einer Massenbewegung annahm.

Die Karte zeigt den Zustand von 1912. Bis 2002 konnte man den Heidebahnhof noch mit dem Zug erreichen, seitdem ist der Streckenabschnitt Halle-Nietleben – Halle-Dölau, der zuletzt zum S-Bahn-Netz der Stadt gehörte, stillgelegt. Versuche zur Reaktivierung der Strecke in das Waldgebiet scheiterten bisher, aber die Gaststätte, die es schon seit Bestehen des Bahnhofs gibt, bietet noch immer eine gepflegte Gastronomie.

Die Deutsche Regionaleisenbahn (DRE) besitzt übrigens für die Strecke zwischen Halle-Nietleben und Hettstedt eine Betriebsgenehmigung bis ins Jahr 2058. Es ist also noch Zeit, sie zu retten.

Der Laufweg Magdeburg - Köthen - Leipzig führt die Züge kurz vor Halle (Saale) auch über Stumsdorf.

Stumsdorf.

Ein paar Kilometer weiter erreicht man den Bahnhof Stumsdorf. Von hier zweigt in östlicher Richtung die Nebenbahnstrecke nach Bitterfeld ab, die vermutlich ob ihrer zahlreichen Rübensiruptransporte von einer anliegenden Zuckerfabrik einst den Spitznamen *Saftbahn* bekommen hat.

1897 nach nur einjähriger Bauzeit in Betrieb genommen, war ihr Bestand bis zur Wende in der DDR nie in Gefahr. Danach allerdings schien ihr Niedergang eine Frage der Zeit; lange Jahre gab es eine Hängepartie um die Zukunft der Strecke. Der Güterverkehr ging schon Ende 1995 verloren, 2002 schließlich auch der Personenverkehr. Die Deutsche Bahn wollte die Strecke loswerden. Doch das Schicksal so vieler anderer Nebenbahnen blieb der Saftbahn erspart. Ein großes Bioethanolwerk in Zörbig sorgte plötzlich wieder für einen kontinuierlichen Güterverkehr. So gründete die Stadt Zörbig die *Zörbiger Infrastrukturgesellschaft mbH* und übernahm die Strecke. Sie wird damit zumindest teilweise weiter befahren.

Der Stumsdorfer Bahnhof, der erste im Kreis Bitterfeld überhaupt, war schon mit der Eröffnung der Hauptbahn nach Magdeburg entstanden. 1897, inzwischen zu klein geworden, wurde er großzügig erweitert, was zweifellos auch mit der Streckeneröffnung nach Bitterfeld im Zusammenhang stand. Neben das alte Bahnhofsgebäude (rechts im Anschnitt) wurde einfach ein zweites gestellt. Es schloss 1994 für immer seine Pforten. Heute bietet es dem Reisenden, der in Stumsdorf ein– oder aussteigt, ein trauriges Bild. Wind, Wetter und Vandalismus hinterlassen ihre Spuren an einem Gebäude, das keine Zukunft zu haben scheint.

Sandersdorf.

Setzen wir unsere Reise auf der *Saftbahn* fort und erreichen, nachdem wir die Unterwegshalte Zörbig und Heideloh passiert haben, Sandersdorf.

Die Station war anfangs eine einfache Haltestelle, doch das änderte sich sehr bald, weil der Güterverkehr ständig zunahm. Kohle und landwirtschaftliche Produkte waren die hauptsächlichen Erzeugnisse, die auf der *Saftbahn* transportiert wurden.

Bereits im Jahre 1899, also nur zwei Jahre nach Eröffnung der Strecke, wurde die Haltestelle Sandersdorf zum ersten Mal erweitert. Zunächst betraf es die Gleisanlagen. Die Planer der Ursprungsvariante scheinen damals keine großen Optimisten gewesen zu sein. 1901 war dann das Empfangsgebäude an der Reihe. Auch dies wurde vergrößert, um Platz für geräumigere Dienst- und Warteräume zu schaffen. Nun wertete man Sandersdorf auch zum richtigen Bahnhof auf, obwohl die Einfahrsignale anfangs noch fehlten. Die wurden erst später aufgestellt.

1903 nahm in dem Ort eine Mostfabrik ihre Produktion auf, fortan waren täglich über 100 Eimer Saft als Stückgut abzufertigen (auch eine Erklärung für den Spitznamen *Saftbahn*), die im Güterschuppen zwischengelagert werden mussten, auf der Ansichtskarte sehr schön zu erkennen. Im selben Jahr wurden im Bahnhof monatlich 65 Güterzüge abgefertigt. 1913 bekam der Sandersdorf sogar eine Bahnmeisterei.

Bis zur Wende hielten sich Güter- und Personenverkehr kontinuierlich. Das änderte sich. Mit der Aufgabe der Strecke durch die Deutsche Bahn hat auch dieser Bahnhof seine Funktion verloren. Aus dem Güterschuppen ist ein Wohnhaus geworden.

Halle–Ammendorf.

Nichts von dem, was auf dieser Karte zu sehen ist, existiert noch. Diese schlichte Tatsache mit fast philosophischer Dimension führt uns gnadenlos vor Augen, dass Mephisto auf fatale Weise doch Recht haben könnte, wenn er Faust gegenüber verkündet, dass alles, was entsteht, wert ist, dass es zugrunde geht. Heute führt genau über dieses Bahnhofsgelände die kreuzungsfreie Ausfädelung des Streckengleises auf die Neubaustrecke Halle - Erfurt des Verkehrsprojekts Deutsche Einheit Nr. 8, wofür eine über zwei Kilometer lange Brücke gebaut werden musste, und etwa mit dem Erscheinen dieses Buches werden die ersten regulären Züge die Strecke zwischen den beiden mitteldeutschen Großstädten in nur einer halben Stunde zurücklegen.

Ammendorf, einst ein Vorort und seit 1950 einer der südlichen Stadtteile Halles, ist den Eisenbahnfreunden vor allem durch den einst hier ansässigen Waggonbaubetrieb ein Begriff. Der lieferte vor allem Breitspurpersonenwagen in hohen Stückzahlen an die ehemalige Sowjetunion und wurde 2005 geschlossen, nachdem er in der Deutschen Waggonbau AG (DWA) aufgegangen und verkauft worden war. (Heute hat dort die *Maschinen– und Service GmbH Ammendorf* ihren Sitz, die sich ebenfalls mit dem Bau und der Instandsetzung von Schienenfahrzeugen beschäftigt und inzwischen wieder der zweitgrößte Arbeitgeber Halles ist.)

Der neue Haltepunkt Ammendorf kann getrost als einer der hässlichsten Deutschlands angesehen werden. Auf jeder Seite eine schmale Gleisrinne zwischen einem lieblosen Bahnsteig und einer fast bedrohlichen Betonwand: die lange Rampe der Neubaustrecke.

Teutschenthal.

Nach dem kleinen Abstecher nach Süden benutzen wir nun die Halle-Kasseler Bahn nach Teutschenthal.
Die Ansichtskarte strahlt Gemütlichkeit und Ruhe aus. Jegliche Hektik ist der Szenerie fremd. Ein paar Männer schwatzen miteinander, Milchkannen warten am Bahnsteig, um in den nächsten Zug verladen zu werden.
Teutschenthal ist eine der wenigen Gemeinden, die sich die historische Schreibung ihres Namens erhalten konnten, was sowohl für den ersten als auch den zweiten Teil des Wortes zutrifft. Die meisten schafften es nicht - wie auch einige Beispiele in diesem Buch belegen.
Einst ging vom Bahnhof Teutschenthal aus auch eine acht Kilometer lange Nebenbahn nach Salzmünde ab. Sie trug zuletzt die Kursbuchnummer 201c. Im Jahre 1888 eröffnet, konnte sie jedoch nie eine große Bedeutung erlangen. 1962 begann der Abschied auf Raten. Seit 1966 können auf dieser Strecke keine Fahrgäste mehr reisen, seit 2001 nun auch keine Güter mehr befördert werden.
Das Bahnhofsgebäude Teutschenthals steht, mit einer hässlichen grauen Putzfassade überzogen und aller schmückenden Elemente beraubt, seit einiger Zeit leer. Der neue Bahnsteig ist ein paar hundert Meter entfernt angelegt worden. Ob sich ein Nachnutzer für das Gebäude findet, ist eher fraglich. Seine Zukunft damit ungewiss.
Teutschenthal Ost - nur gut 2 km entfernt und in einem ähnlichen Zustand wie sein „großer Bruder" - hat es wenigstens in das Bahnhofsprogramm Sachsen-Anhalts geschafft. 2016 sollen hier die Bahnsteige erneuert und das verfallene kleine Empfangsgebäude „zurückgebaut" werden. Ein neues spendiert das Land allerdings nicht.

Querfurt.

Querfurt ist stolz auf seine Burg, die zu den größten mittelalterlichen Burgen in ganz Deutschland gehört und bereits mehrfach Kulisse großer internationaler Filmprojekte war.

Auf seinen Bahnhof stolz zu sein, dürfte der 12.000 Einwohner zählenden Kleinstadt wohl schwerer fallen, kümmert er doch seit Jahren vor sich hin. Das Umfeld der ehemals intensiv genutzten Gleise bietet einen verwahrlosten Anblick. Das 1884/85 erbaute Empfangsgebäude empfängt schon längst keine Fahrgäste mehr, Prellböcke in der Mitte der beiden Bahnsteige zeigen, dass nicht viel geblieben ist vom einstigen Eisenbahnknoten, der einmal Betriebsmittelpunkt dreier Strecken war. Heute kommen hier nur noch die kleinen Triebwagen der Burgenlandbahn aus Merseburg an. Und dass ihnen noch eine lange und glückliche Zukunft beschieden sein wird, kann man sich als Besucher vor Ort nur schwer vorstellen.

Im Oktober 1884 war zunächst die Verbindung nach Oberröblingen am See eröffnet worden. Der Bahnhof mit seinem Empfangsgebäude fiel anfangs eher bescheiden aus. Er hatte seinen Standort am Stadtrand bekommen, denn man plante schon früh, dass es nicht bei dieser Stichstrecke bleiben sollte. 1904 wurden dann diese Pläne mit einer Verbindung nach Vitzenburg in die Tat umgesetzt, wodurch Querfurt nun auch über einen Anschluss an die Unstrutbahn verfügte. Das nach Südosten führende Gleis zur Geiseltalbahn nach Mücheln kam schließlich sieben Jahre später hinzu.

Die Strecke Merseburg - Mücheln - Querfurt sorgte übrigens im Jahre 2010 bundesweit für Schlagzeilen, weil

Die Verbindung Oberröblingen am See - Vitzenburg verband die Bahnstrecke Halle - Kassel mit der Unstrutbahn. Wichtigster Unterwegsbahnhof war Querfurt.

sich ein Triebwagen morgens in Merseburg ohne einen Triebfahrzeugführer oder Fahrgast an Bord in Richtung Querfurt auf den Weg gemacht hatte und erst nach vierzig Kilometern kurz vor dem Bahnhof Querfurt zum Stehen kam. Wie durch ein Wunder passierte auf dieser Fahrt nichts.

Die Bahnhofsanlagen von Querfurt waren vor allem auf den Güterverkehr, dem Hauptgeschäft der drei Strecken, ausgerichtet worden. Zahlreiche Anschließer in und um Querfurt sorgten viele Jahre für reichlich Betrieb. Dafür standen auf dem Bahnhofsgelände zahlreiche Gleise zur Verfügung. Schon 1886 war ein zweiständiger Lokschuppen gebaut worden. Trotzdem erhielt Querfurt niemals den Status eines eigenständigen Bahnbetriebswerks, sondern war immer nur eine bescheidene Lokeinsatzstelle des Bw Röblingen am See (vormals Oberröblingen).

Die beiden Ansichtskarten zeigen den Blick in Richtung der nördlichen Ausfahrt. Sie sind in einem Abstand von nur vier Jahren, nämlich am 20.10.1916 und am 26.7.1920, gestempelt worden. Trotzdem präsentieren sie ein inzwischen auffällig verändertes Empfangsgebäude. Es hat unterdessen auf seiner Westseite einen eingerückten Anbau bekommen, der mit einer kompletten Neugestaltung des Dachs einherging und vermutlich den Zweck erfüllte, zusätzlichen Wohnraum für das Bahnhofspersonal zu schaffen. Aber auch einige andere Details, wie etwa die Bahnhofsuhr, die nun direkt unter dem Bahnhofsschild platziert worden ist, zeugen von den Veränderungen.

Heute befindet sich das Empfangsgebäude noch weitgehend im Zustand, den die rechte Karte zeigt, allerdings ohne den flachen Güterschuppen an seiner Ostseite. Dort steht jetzt ein hässlicher Funkmast, der das Gebäude sogar noch überragt. Auch der kleine flache Anbau vor dem Güterschuppen wurde wieder abgerissen.

Bahnhof Mücheln.

Mücheln (Geiseltal).

In Querfurt müssen wir zunächst wieder ein Stückchen nördlich fahren, um auch den Abzweig nach Mücheln im Geiseltal zu gelangen. Hier baute man ab Mitte des 19. Jahrhunderts in großem Stil Braunkohle ab. Um sie zu transportieren, wurde 1886 die *Geiseltalbahn* eröffnet. Der Tagebau besaß eine nur dünne Abraumschicht, aber mächtige Kohleflöze. So wuchs der Verkehr auf der Strecke stetig an - gleichzeitig musste sie jedoch viermal verlegt werden, weil die Kohlebagger näher rückten.

Auch der Bahnhof Mücheln kam mehrfach an seine Leistungsgrenze, mitunter nutzten 100 Züge täglich die eingleisige Nebenstrecke. 1959 wurde sie dann von Merseburg Süd bis Mücheln elektrifiziert, um den Abtransport der Kohle zu effektivieren. 1964 betraf die nun vorerst letzte Streckenverlegung auch den Bahnhof Mücheln, er wurde aufgegeben und an anderer Stelle ein neuer gebaut. 1991 kam dann das Ende der Kohleförderung, direkt neben dem neuen Bahnhof blieb ein riesiges Loch zurück. Die Gleisanlagen waren plötzlich völlig überdimensioniert. Ab 1996 baute man die Fahrleitung ab.

Dass die Strecke noch existiert, erscheint wie ein Wunder, doch bescheidener Güterverkehr und aufkeimender Tourismus hielten sie bisher am Leben. Letzterer könnte noch wachsen, denn das einstige Tagebaurestloch ist heute der größte künstliche See Deutschlands geworden. Vielfältige Freizeiteinrichtungen entstehen, an seinen Ufern wird sogar Wein angebaut.

Die Karte von 1908 zeigt den alten Bahnhof noch fast im Eröffnungszustand. Nur die Bäume sind inzwischen prächtig gewachsen. Das Empfangsgebäude des neuen Bahnhofs ist hingegen schon wieder abgerissen worden.

Vitzenburg a. U. Bahnhof

„Empfangsgebäude mit angebautem Güterschuppen, namentlich nicht dem anschließenden Ort[,] sondern dem entfernten Vitzenburg zugeordnet, erstellt im Zuge des Streckenbaus der Bahnlinie Naumburg-Artern (um 1889), funktionale gut proportionierte Zweckarchitektur, Ziegelbau über Bossenquadersockel, Ecken, Gesimse und Gewände in Werkstein, sparsam eingesetzte Gliederungselemente, architektonisch bemerkenswertes, weithin sichtbares Baudenkmal der Verkehrsgeschichte." Mit diesem Text beschrieb der Auktionator, der den Auftrag hatte, den ehemaligen Bahnhof Vitzenburg Ende des Jahres 2014 unter den Hammer zu bringen, den aktuellen Zustand des Versteigerungsobjekts. Weiter sprach er von einem defekten Dach, von Deckendurchbrüchen und Schäden durch Vandalismus. Wer das lebendige Bild der Ansichtskarte mit der Tristesse, dem Verfall und der Einöde desselben Gebäudes in der Gegenwart vergleicht, dem kann schon das Herz bluten.

Vitzenburg.

1889 nahm der Bahnhof Vitzenburg, der in der Tat weitab vom namensgebenden Dorf, dafür aber inmitten von Industrieanlagen liegt, mit der Eröffnung der Unstrutbahn seinen Betrieb auf. 1904 erreichte ihn von Norden her auch die Nebenbahn aus Röblingen am See (das damals noch Oberröblingen hieß), wodurch ein kleiner Bahnknoten entstanden war, für den der Güterverkehr jedoch stets eine größere Rolle spielte als die Personenbeförderung. 2011 verlor der Bahnhof seine Funktion, im Zuge von Streckenerneuerungen wurde als Ersatz etwa einen Kilometer weiter östlich der neue Haltepunkt Reinsdorf (b Nebra) gebaut.
Für 1000 Euro wechselte die Immobilie schließlich ihren Besitzer.

Bad Bibra.

Die Finne ist ein kleiner Höhenzug nordwestlich von Naumburg (Saale), etwa 23 Kilometer lang. Wo die Bezeichnung herkommt, ist ungeklärt. Doch er gab der *Finnebahn* ihren Namen. Die Strecke stellte eine Verbindung zwischen der Pfefferminzbahn (Großheringen - Straußfurt) im Bahnhof Kölleda und der Unstrutbahn (Naumburg - Reinsdorf) im Bahnhof Laucha (Unstrut) her. Sie besaß eine Länge von knapp 39 Kilometern. Mit dem Jahr 1914 war sie für eine deutsche Nebenbahn relativ spät eröffnet worden. Auch ihre Bedeutung für den Bahnverkehr der Region war nie groß, eine Handvoll Zugpaare täglich reichten meistens aus. Örtliche Betriebe sorgten für leidlichen Güterverkehr. Der nahm deutlich zu, als in Lossa 1936 eine Munitionsfabrik ihren Betrieb aufnahm (freilich nicht für lange). 1945 wurde ein Teil der Strecke als Reparationsleistung für die Sowjetunion abgebaut; die Finnebahn war fortan eine Stichstrecke und führte nur noch von Laucha bis nach Lossa.

Der mit seinen Fachwerkelementen ansprechend gestaltete Bahnhof Bad Bibra lag etwa acht Bahnkilometer südwestlich von Laucha entfernt. Er empfing und verabschiedete seine Reisenden bis zum 30. September 1973. Güterverkehr konnte sich sogar bis Ende 1994 halten. Heute ist die Strecke vom Bahnnetz abgekoppelt und der Bahnhof Bad Bibra verfällt zusehends. Vor Ort hoffte man, dass die Finnebahn im Rahmen der Neubaustrecke von Erfurt nach Leipzig/Halle wieder reaktiviert werden könnte, um im Havariefall den neuen Betriebsbahnhof Saubachtal erreichen zu können. Daraus wurde leider nichts. Seit 2014 führt auf einem Teil der Bahntrasse der 18 km lange Finnebahn-Radweg entlang.

Theoretisch hätte man von Naumburg nach Cölleda (heute Kölleda) auch bis Großheringen und dann auf der Pfefferminzbahn fahren können, doch die Karte mit diesem Bahnpoststempel nahm den Weg über die Unstrut– und Finnebahn.

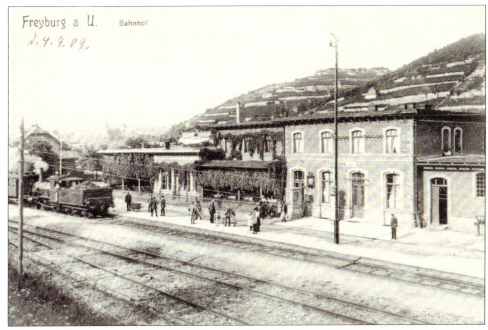

Die Winzerstadt Freyburg gilt als das Zentrum des Weinbaus der Saale-Unstrut-Region. Auf der schönen Ansichtskarte, die den Vermerk 1909 trägt, sind die imposanten, steillagigen Weinberge gut zu erkennen. Nicht mehr im Bild, thront rechts davon über dem Ort die mächtige Neuenburg, mit deren Bau im Jahre 1090 auch die Geschichte Freyburgs begann.

Die Länderbahnlok, mit ihrem Zug aus Richtung Laucha kommend, ist nicht ganz scharf geraten. Doch um die Entstehungszeit der Karte begnügte man sich offensichtlich mit dem Ergebnis, waren sich bewegende Objekte damals wegen der langen Belichtungszeiten noch ein schier unlösbares Problem.

Freyburg liegt wie Vitzenburg an der Unstrutbahn Naumburg - Reinsdorf (b Artern), das kleine Flüsschen, das der Strecke ihren Namen gab, fließt in unmittelbarer Nähe zum Bahnhof.

Freyburg (Unstrut).

Das Empfangsgebäude allerdings steht seit Jahren leer und zum Verkauf. Interessenten hat es schon gegeben, aber mehr hat sich daraus bisher nicht entwickelt. Dass er aufgegeben wurde, bedeutet jedoch keineswegs, dass hier keine Züge mehr halten würden. Eine Touristenstadt wie Freyburg ist darauf angewiesen. Und so nahm das Land Sachsen-Anhalt die Station in ihr Schnittstellenprogramm auf, was bedeutete, dass Freyburg 2012 einen völlig neuen Außenbahnsteig ein paar hundert Meter entfernt vom alten Bahnhof bekam.

Noch können im alten Bahnhof Züge kreuzen oder Sonderzüge abgestellt werden. Die kommen nämlich recht häufig ins Unstruttal. Doch ob die Deutsche Bahn das Ausweichgleis auf künftig weiter vorhält, ist ungewiss.

Naumburg (Saale) Hbf.

Naumburg, am Zusammenfluss von Unstrut und Saale gelegen, ist vor allem bekannt durch seinen spätromanischen Dom mit der berühmten Uta-Figur. Doch auch das Sachsen-Anhalts Oberlandesgericht hat hier seinen Sitz.
Im Jahre 1846 wurde die Stadt, die damals etwa 15.000 Einwohner zählte, an die Eisenbahn angeschlossen und bekam bereits zu diesem Zeitpunkt ihr eindrucksvolles Empfangsgebäude. An seinen Entwürfen war der leitende Ingenieur der Bahnstrecke Halle (Saale) - Weimar - Erfurt, August Mons, maßgeblich beteiligt. Elemente der italienischen Renaissance lassen sich an vielen Stellen nachweisen. Mons hat zwei Jahre später übrigens auch noch den Erfurter Hauptbahnhof gebaut.
Naumburgs erste Bahnlinie war eine dringend benötigte Ost-West-Verbindung in Deutschland, die *Thüringer Bahn* von Halle nach Bebra. Über 40 Jahre war die Stadt nur ein Unterwegshalt von vielen, doch 1889 avancierte sie dann zum kleinen Bahnknoten, weil von hier nach Nordwesten die Unstrutbahn in Richtung Artern ihren Verkehr aufnahm. 1900 kam schließlich noch die den Süden erschließende Strecke nach Teuchern hinzu.
Die nachcolorierte Ansichtskarte oben zeigt die Ostseite des Bahnhofs und ist im Jahre 1903 verschickt worden. Ziel war Frankenhausen. Die rechts abgebildete Karte wurde 1910 gestempelt. Besonders auf dieser erkennt man sehr schön den rege genutzten Zwischen– und den Außenbahnsteig, die erst viel später hinzukamen. Die ersten zwanzig Jahre musste sich der Bahnhof mit seinem Hausbahnsteig begnügen.
Der Außenbahnsteig mit seiner kurzen Bahnsteigüberdachung war von Anfang an für die Züge der Unstrutbahn

Diese völlig intakte 10-Pfennig-Marke trägt einen Bahnpoststempel vom 17.6.1924 (Zug 863 Leipzig - Eisenach).

vorgesehen, die den Bahnhof auf seiner Westseite in einem großen Bogen nach Norden verlassen. Doch auch die Nebenbahn nach Teuchern endete hier, was eigentlich ungünstig war, da sie, um nach Süden zu kommen, die Gleise der dicht befahrenen Hauptbahn queren musste. Die Lösung dafür war ein Brückenbauwerk am östlichen Ende des Bahnhofsgeländes.

Trotz seiner Bedeutung ist die Thüringer Bahn erst 1995 durchgehend elektrifiziert worden. Naumburg jedoch bekam die Fahrleitung bereits im Jahre 1941 im Zuge der Elektrifizierung der Strecke Halle/Leipzig - Nürnberg, um sie schon fünf Jahre später im Zuge von Reparationsleistungen an die Sowjetunion wieder zu verlieren. Es mussten 21 Jahre vergeben, bis Naumburg endlich wieder von Elloks angefahren werden konnte.

Nach der Wende nahm das Gewicht der Thüringer Bahn eher noch zu. Das von Naumburg als Eisenbahnknoten ist in den letzten Jahren allerdings sukzessive gesunken: Der Zugverkehr nach Teuchern ist eingestellt und das Bahnbetriebswerk an der Westseite des Bahnhofs eingeebnet, so wie auch der Güterbahnhof, der in den 1920-er Jahren aus allen Nähten platzte, heute verschwunden ist. Die Züge der Unstrutbahn nutzen hingegen die Brücke nach Teuchern noch, sie enden heute im Bahnhof Naumburg Ost. Und mit der Inbetriebnahme der Neubaustrecke Erfurt - Halle (Saale) verliert der Bahnhof Naumburg (Saale) weiter an Bedeutung.

Auch seine Straßenbahn, eine echte Sehenswürdigkeit, hätte die Stadt beinahe verloren. Die Stadtväter hatten kein großes Interesse an ihr. So war der Verkehr zeitweise schon ganz eingestellt worden. Heute fährt die kleinste Straßenbahn Deutschlands und die früher einzige Ringstraßenbahn Europas, die auf dem Bahnhofsvorplatz beginnt, wenigstens noch auf einer Teilstrecke.

Auch in Zug 46 von Berlin nach Frankfurt (Main) wurden einst Postsendungen bearbeitet. Die Ansichtskarte von 1928, die diesen Stempel trägt und in Leipzig aufgegeben wurde, bekam ebenfalls hier ihre Abfertigung. Sie wird den Zug jedoch bald wieder verlassen haben, denn ihr Weg führte sie nach Bernburg.

Großkorbetha.

Manchmal machen nicht die Orte die Bahnhöfe bekannt, sondern es ist umgekehrt. Großkorbetha, das wir nun erreicht haben, ist sicherlich dafür das beste Beispiel. Das unbedeutende Dörfchen, ein paar Kilometer südlich von Halle (Saale) gelegen, kennte sicherlich niemand, wäre da nicht der bedeutende Knotenbahnhof mit seinem großzügig bemessenen Güterumschlagplatz.

Den Bahnhof gibt's schon seit 1856. Eine provisorische Haltestelle ein Stückchen weiter nördlich, als Kopfstation angelegt, existierte sogar schon sechs Jahre früher. Noch immer findet man dort - nahe des Dorfes Wengelsdorf - eine Siedlung „Am Bahnhof" und eine Bahnhofstraße.

Zunächst hieß die Station lange Zeit, wie auf der Karte aus dem Jahre 1904 ersichtlich, einfach *Corbetha*. Das war eigentlich nicht ganz korrekt. Denn der Ort hatte bereits 1545 nachweislich *Groß Corbetha* geheißen und besitzt sogar eine Kirchenglocke aus dem Jahre 1595 mit der Inschrift *Grosscorbetha*. Schließlich gab es ja ein paar Kilometer weiter auch ein *Klein Corbetha*. Warum die Bahn bei der Namensgebung ihrer Station davon abwich, bleibt im Dunkeln. 1934 war es dann soweit. Ort und Bahnhof bekamen offiziell die gleiche noch heute gültige Bezeichnung, nämlich *Großkorbetha*.

Das Bild zeigt den Bahnhof in einem Zustand, den es so nicht mehr gibt, denn er wurde schon von 1911 bis 1913 umfassend umgebaut. Heute hat sein Empfangsgebäude keine Bahnsteigüberdachung mehr, dafür existieren für den Personenverkehr sage und schreibe vier überdachte Inselbahnsteige mit acht Gleisen, obwohl der Regionalverkehr auf der Nebenstrecke in den Kohleort Deuben inzwischen vom Land Sachsen-Anhalt abbestellt wurde.

Bad Dürrenberg.

Noch 2012, als es von der Deutschen Bahn längst aufgegeben worden war, präsentierte sich das historische Bahnhofsgebäude von Bad Dürrenberg für Eisenbahnfreunde zumindest äußerlich als reizvolles Fotomotiv. Es galt allgemein als das schönste an der Bahnstrecke Weißenfels - Großkorbetha - Leipzig überhaupt und war nach der Wende von außen saniert worden, wobei man auch die Anfang des 20. Jahrhundert angefügten Anbauten an der Westseite (das ist die mit den Türmen) im Sinne des Denkmalschutzes wieder abtrug und damit weitgehend den Ursprungszustand herstellte.

Das spätklassizistische Gebäude - mit seinen markanten viergeschossigen Zwillingstürmen an eine romanische Basilika erinnernd - war in den Jahren 1855/56 erbaut und am 22. März 1856 eröffnet worden, dem Tag der feierlichen Inbetriebnahme der Gesamtstrecke.

Die kunstvoll colorierte Ansichtskarte zeigt das Empfangsgebäudes um das Jahr 1920. Die Umbenennung in Bad Dürrenberg erfolgte 1927.

Seit dem 15. Februar 2013, als ein nächtlicher Großbrand ausgehend vom Flachbau in der Mitte weite Teile des Gebäudes zerstörte und das Mitteldach zum Einsturz brachte, ist davon nur noch eine hässliche Ruine übrig. Das Feuer, ausgelöst durch Brandstiftung, hat ganze Arbeit geleistet.

Zwei Jahre später, zum Redaktionsschluss, hat sich an diesem Zustand noch nichts verändert. Die aktuelle Eigentümerin des Gebäudes, eine Berliner Firma, hatte eigentlich geplant, daraus ein Seminarzentrum zu machen. Ob diese Pläne angesichts der nun viel höheren Kosten jemals Realität werden, steht in den Sternen.

Lützen.

Es gibt nur wenige Bahnhöfe in Deutschland, denen die Ehre zuteil wird, von einem bekannten Modellbahnhersteller auserwählt zu werden, um künftig auf unzähligen Eisenbahnanlagen in Kinderzimmern oder Kellerräumen einen gebührenden Platz zu haben. Lützen ist einer davon (wobei das Modell übrigens nicht ganz so aussieht wie das Gebäude hier auf der Karte; die Aufnahme muss aus den 1930-er Jahren stammen, wie die unsägliche Beflaggung verrät).

An der inzwischen stillgelegten und zum Teil zu einem Radweg umfunktionierten Nebenstrecke von Leipzig-Plagwitz nach Pörsten lag er gerade noch auf sachsen-anhaltischem Gebiet; ein paar Kilometer weiter östlich beginnt Sachsen. Die Preußisch-Hessischen Staats-Eisenbahnen hatten die Verbindung gebaut. Seit dem 1. September 1897 konnte man das Städtchen Lützen (die größte Zwischenstation der ganzen Strecke) mit der Eisenbahn erreichen. Zunächst von Leipzig aus, denn anfangs war der Ort der Endbahnhof dieser Strecke. Erst Anfang 1898 kam dann das noch fehlende Verbindungsstück bis Pörsten hinzu. Dort bestand für die Reisenden Anschluss an die Strecke Großkorbetha - Deuben, die ihren Personenverkehr ebenfalls inzwischen verloren hat, heute aber wenigstens noch im Güterverkehr befahren wird.

Lützen ist allerdings nicht wegen des erwähnten Bahnhofstyps bekannt, sondern wegen seiner Geschichte: 1632 war der Ort Schauplatz der Schlacht bei Lützen, die als eine der Hauptschlachten des Dreißigjährigen Krieges gilt. Der Schwedenkönig Gustav II. Adolf ist in diesem Gefecht gefallen. So haben die Lützener ihm auch eine Gedenkstätte gewidmet.

Wetterzeube.

Unsere letzte Station dieses Buches soll Wetterzeube sein, das wir über Zeitz auf der Hauptstrecke Leipzig - Saalfeld in Richtung Gera bald erreichen. Durch den Ort führt schon seit 1859 die Eisenbahn. Nun sind wir in der südlichsten Ecke Sachsen-Anhalts angekommen; der nächste Bahnhof, Crossen an der Elster, liegt schon auf Thüringer Gebiet.

Somit ist Wetterzeube auch die südlichste Bahnstation Sachsen-Anhalts. Das war allerdings nicht immer so, denn zwischen den Jahren 1946 bis 1952 trug Wittgendorf (Kr. Zeitz) dieses Prädikat. Der kleine Haltepunkt gehörte zur Schmalspurbahn von Gera-Pforten nach Wuitz-Mumsdorf, die (allerdings erst) 1969/70 stillgelegt wurde. Da aber das Land Sachsen-Anhalt 1952 de facto aufgelöst worden war und erst 1990 neu zum Leben erweckt wurde, entstand diese kuriose Situation.

Die Mehrbildkarte zeigt den hübschen Bahnhof, der, in einer lang gezogenen Kurve gelegen, mit beengten Platzverhältnissen auskommen muss. Wetterzeube liegt im Tal der Weißen Elster, dessen Hänge zu beiden Seiten des Flusses bereits recht steil aufragen. Hier kann man wunderbar wandern und Rad fahren.

Auffällig, dass die Telegrafenleitungen offensichtlich direkt vor dem Empfangsgebäude gezogen waren, aber der markante kurze Mast links am Bildrand keine Drähte trägt. Das muss nicht unbedingt etwas heißen, denn früher retuschierte man sie aus ästhetischen Gründen gerne weg.

Der Güterschuppen links wurde zwischenzeitlich abgerissen, ansonsten zeigt sich das Bahnhofsgebäude heute fast noch wie damals. Auch so gepflegt.

Rechts der Bahnpoststempel eines Kartenbriefs von 1920 mit einer sehr seltenen Mischfrankatur Bayern/Deutsches Reich, gelaufen über Wetterzeube.

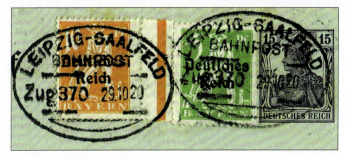

Verzeichnis der im Buch abgebildeten Bahnhöfe:

Alexisbad 90
Allstedt 109
Alsleben 121
Aschersleben 74
Badel 17
Bad Bibra 144
Bad Dürrenberg 149
Bad Suderode 79
Baderleben 52
Ballenstedt Ost 76
Ballenstedt West 77
Barby 118
Beetzendorf (Sachs-Anh) 18
Belleben 123
Benneckenstein 86
Berga-Kelbra 110
Bernburg 120
Biederitz 31
Bismark (Altm) 15
Blankenheim (Kr Sangerhausen) 105
Blumenberg 43
Brocken 84, 85
Calbe (Saale) West 119
Calvörde 23
Derenburg 70
Dessau Hbf 127
Dingelstedt (b Halberstadt) 51

Drei Annen Hohne 82
Dreileben-Drackenstedt 40
Egeln 54
Eilsleben 41
Elend 87
Ermsleben 74
Förderstedt 58
Freckleben 99
Freyburg (Unstrut) 145
Frose 73
Gardelegen 19
Genthin 36, 37
Genthin Kleinbahnhof 35
Gerbstedt 104
Gernrode 78
Gerwisch 30
Goetheweg 86
Gröbzig (Anh) 125
Gröningen 53
Großkorbetha 148
Güsen 28
Güsten 57
Güterglück 116
Hadmersleben 45
Haideburg (Titel)
Halberstadt 63
Halle-Ammendorf 138

Halle (Saale) Hbf 134
Halle (Saale) Heidebf 135
Harzgerode 89
Hecklingen 55
Hedersleben-Weddersleben 72
Hessen (Kr Halberstadt) 68, 69
Heudeber-Danstedt 64, 65
Hornhausen 48
Ilsenburg 66
Jeber-Bergfrieden 129
Jerichow 27
Kalbe (Milde) 16
Kelbra 111
Kemberg 131
Kläden 14
Klostermansfeld 102
Königsborn 32
Königshütte 96
Könnern 122
Köthen 126
Langenweddingen 44
Letzlingen 20
Lindau (Anh) 117
Löbejün 124
Loburg 33
Lutherstadt Eisleben 106
Lutherstadt Wittenberg 130

Lützen 150
Magdeburg Hbf 61
Magdeburgerforth 34
Mägdesprung 91
Mansfeld (EKM) 103
Meisdorf 75
Merseburg 4
Müchen (Geiseltal) 142
Naumburg (Saale) Hbf 146, 147
Nienhagen (b Halberstadt) 49
Oberröblingen (Helme) 108
Ochtmersleben 39
Oebisfelde 21
Oschersleben (Bode) 46, 47
Osterburg 8, 9
Osterwieck 67
Quedlinburg 92
Querfurt 140, 141
Raguhn 128
Röblingen am See 107
Rottleberode 112
Rübeland 95
Sandau (Elbe) 25
Sandersdorf 137
Sandersleben (Anh) 100, 101
Schierke 83
Schönebeck (Elbe) 60

Schönebeck-Salzelmen 59
Schönhausen (Elbe) 26
Schwanebeck 50
Seehausen (Altm) 7
Staßfurt 56
Stendal 10
Stiege 88
Stolberg (Harz) 113
Stumsdorf 137
Tangerhütte 11
Tanne 97
Teuchern (Rücktitel)
Teutschenthal 139
Thale Bodetal 93
Timmenrode 94
Tucheim 29
Vitzenburg 143
Wallwitz (Saalkr) 133
Wanzleben (b Magdeburg) 42
Weferlingen 22
Wegeleben 71
Wernigerode Westerntor 81
Wetterzeube 151
Wolmirstedt 13
Zerbst 115
Zielitz 12

Passend zu diesem Band ist im selben Buchformat im gut sortierten Buchhandel erhältlich:

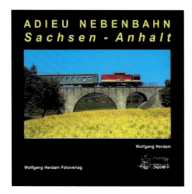

Wolfgang Herdam
ADIEU NEBENBAHN Sachsen-Anhalt
Festeinband 21 x 21 cm, 124 Seiten, 140 Farbfotografien
ISBN 978-3-933178-20-7   26,50 €

Herdam Verlag

Kommen Sie mit auf eine Reise über die Gleise des Anfang der 1990-er Jahre noch recht ausgedehnten Nebenbahnnetzes Sachsen-Anhalts.
Überwiegend ganzseitige führen Sie rund 10 Jahre nach der Publikation der in diesem Buch vorgestellten Bahnhofs-Postkarten in die Zeit des langsamen Niedergangs der klassischen Eisenbahn. Die allermeisten Strecken wurden um den Jahrtausendwechsel stillgelegt. Selbst eine zweigleisige elektrifizierte Hauptstrecke blieb davon nicht verschont!

Weitere Eisenbahnbücher finden Sie auf unserer stets aktuellen Internetseite

www.herdam.de

Diese Karte ging am 16.7.1910 mit Zug 6 der NWE vom kleinen Örtchen Elend über Wernigerode nach Konstantinopel in der Türckei (sic!), postlagernd. Dem Schreiber scheint der Urlaub im Harz gefallen zu haben. (Sammlung Wolfgang Herdam)

Die Ansichtskarte von Eisleben (zu finden auf Seite 106) ist per Feldpost verschickt worden. Solche Briefe und Karten brauchten nicht frankiert zu werden.
Sie wurde im Kriegsjahr 1942 gestempelt, und wie zu lesen ist, von einem verwundeten Soldaten aus einem Lazarett verschickt, das vorher offensichtlich eine Mädchenschule gewesen war.